JN006790

arikoの、今晩なに作る？

ありこんだて

ariko

光文社

はじめに

毎日の食卓を預かる立場の身として、
晩ごはんの献立を考えるのは楽しみでもあるし、
悩みの種でもあります。
四季折々の旬の素材も盛り込みたいし、
家族の好物も出してあげたい。
もちろん、その日の気候のことも考えて……。
毎日のことだから、疲れたときには手抜きもしたい。
「今晩、なに作る？」と銘打って、
月刊誌『HERS』で二年間、
献立提案する料理ページの連載をさせていただきました。
長年作ってきたレシピを中心に、
相性のいい組み合わせを考えるのは、
改めて自分のレシピを見直すいい機会になりました。
どんと食卓の中心を飾るメイン料理に副菜を添えるスタイル、
お盆の上にちょこちょこと小皿が並ぶ居酒屋スタイル、
クリスマスをはじめとするイベントメニューも。
献立を考えるとき、
今日は「○○○」風にしよう！　とテーマを決めると、
主菜、そして副菜と、
スムーズに決められるような気がします。

自己流のなんちゃってメニューも多々ありますが、
少しでも晩ごはんの献立を考えるのが楽しくなる
お手伝いになれば幸いです。

Happy Table
Happy Life♡
ariko

Contents

Japanese

Chinese

International

Italian & Western

HOW TO USE

・材料や作り方にある「小さじ1」は5mℓ、「大さじ1」は15mℓ、「1カップ」は200mℓです。
・野菜類は、特に表記のない場合は皮をむく、洗うなどの作業を行ってからの手順を記載しています。
・コンロなどの火加減・加熱時間は目安です。様子を見て適宜調節してください。
・オーブン、オーブントースター、電子レンジなどの調理家電はお手持ちの機種の取扱説明書に従ってください。また、機種により加熱時間に違いがあります。
・基本的に出来上がり量は、作りやすい分量を基準としています。
・材料中の※は省略可を意味しています。

ベストオブごはんが進むひと皿

ガリバタチキン

▶材料（2人分）
鶏もも肉…2枚
塩…少々
薄力粉…少々
バター…大さじ3
A
にんにく（すりおろし）
…1かけ分
酒…大さじ2
みりん…大さじ2
醤油…大さじ1½
砂糖…小さじ2
プチヴェール…適量※省略可
しめじ…小1パック（100g前後）

▶作り方
1. 鶏もも肉は余分な脂を取り除き、筋切りをして塩をふり、身側だけに薄力粉を軽くふる。**A**を合わせておく。
2. フライパンで鶏肉の皮側から焼き始める。皿や鍋のふたを使って上から押さえつけながら、中火で皮にこんがり香ばしい焼き目がつくまで焼いてから、裏返して身側も焼き、一度取り出す。
3. 鶏を焼いたフライパンの油を拭き取り、中火にかけてバターを入れて、じゅわじゅわと溶け始めたら**A**を加え、沸いたところに**2**の鶏肉を戻し、両面に照りが出るまで煮からめる。
4. プチヴェールは塩とオリーブオイル（ともに分量外）を加えた湯で茹でる。しめじは石づきを取って小房に分け、バター（分量外）でソテーして塩・胡椒（ともに分量外）する。
5. 器に**3**の鶏肉と付け合わせの**4**の野菜を盛りつけ、フライパンのソースをかける。

広尾　小野木風にいぶりがっこin

2種のチーズ入りポテトサラダ

▶材料（2人分）
じゃがいも…2個
いぶりがっこ…4〜5切れ
クリームチーズ…大さじ3
おつまみ用スモークチーズ…4本
マヨネーズ…大さじ2
塩、胡椒…各適量
クレソン…適量

▶作り方
1. じゃがいもはやわらかくなるまで茹でて皮をむき、つぶす。
2. 粗熱が取れたら、クリームチーズとマヨネーズを加え、塩、胡椒で味を調えて、粗みじん切りにしたスモークチーズといぶりがっこを加えて混ぜる。器に盛りつけて、クレソンを添える。

**明太子のおかげで
味つけカンタン！**

にんじんの明太子炒め

▶材料（2人分）
にんじん…1本
明太子…1本
酒…大さじ1
薄口醤油…小さじ1〜2
サラダ油…小さじ2

▶作り方
1. にんじんは皮をむいてしりしり器やスライサーで細切りにする。明太子は薄皮を取り、酒と薄口醤油を加えてほぐす。
2. フライパンにサラダ油を中火で熱し、**1**のにんじんを入れて炒め、しんなりしてきたら、明太子を加えて水けがなくなるまで炒め合わせる。

**醤油洗いをすれば、
水っぽさゼロに**

えのき入り ほうれん草のお浸し

▶材料（2人分）
ほうれん草…½束
えのきだけ…小1パック
削り節…1パック
塩…適量
だし醤油…適量
ポン酢醤油…大さじ2

▶作り方
1. ほうれん草は塩茹でにして冷水にとり、水けを絞って3㎝の長さに切る。えのきだけは根元を切り落として長さ3㎝に切り、小鍋でさっと塩茹でにしてざるに上げ、粗熱を取る。
2. ボウルに**1**のほうれん草を入れ、だし醤油をふりかけてさっと和え、水けを絞る。醤油洗いといって水っぽくならず味が締まる。
3. ボウルに**2**とえのきを合わせて器に盛りつけ、ポン酢をかけて削り節を散らす。

>> p6-8で、『定食屋風セット』

炊きたてごはんと相性抜群なのが、甘辛味の茶色めし。
にんにくの香りが食欲をそそる照り焼き風の
ガリバタチキンを主役に据えたら、
こってり味にメリハリをつけつつ、
栄養のバランスも取れる野菜の副菜をちょこちょこと。
小皿や小鉢を使って銘々盆に取り合わせれば、
気取りのない定食屋風が完成します。

火を使わないでできる、割烹の味

鯛茶漬け

▶材料（4人分）

鯛（刺身用）…1.5さく

胡麻だれ

- 白練り胡麻…大さじ3
- 酒…大さじ2
- 醤油…大さじ2
- だし醤油…大さじ2

わさび…適量

白すり胡麻…適量

薬味（小ねぎ、みつば、茗荷、すだちなど）…各適量

だし…適量

ごはん…適量（茶碗3〜4杯分程度）

▶作り方

1. 胡麻だれを作る。ボウルに練り胡麻を入れ、煮切った酒を少しずつ加え滑らかな状態にしてから、醤油とだし醤油を加える。
2. 鯛の刺身は薄く削ぎ切りにする（1人分7〜8枚）。
3. 薬味の小ねぎは小口切り、みつばはざく切り、茗荷は薄切りにして水にさらし、水けをきる。わさびはすりおろす。
4. 器に胡麻だれを入れ、鯛の刺身を盛り、わさびを添え、すり胡麻をふる。ごはんとともに供し、薬味と熱いだしを添える。初めはごはんと刺身で食べ、次にごはんに刺身と薬味をのせ、だしをかけ、お茶漬けにして食べる。

**そら豆のかわりに、
スナップエンドウを入れても**

ホタルイカとそら豆の炒めもの

▶材料（4人分）
ホタルイカ（茹でたもの）…200g
そら豆（さやから出したもの）…200g
オリーブオイル…大さじ2
にんにく（みじん切り）…大さじ1
塩、胡椒…各少々
醤油…小さじ2
パセリ（みじん切り）…大さじ1

▶作り方
1. ホタルイカは目の部分を取り除く。そら豆は薄皮をはいで、2枚にはがす。
2. フライパンにオリーブオイルとにんにくを入れて熱し、香りが立ってきたらホタルイカを入れて炒める。
3. 油が回ってホタルイカがふっくらしたら、そら豆を加え中火で炒めて塩・胡椒をし、香りづけに醤油とパセリを加えてひと混ぜして器に盛る。

**疲れたときの、定番おつまみ。
海苔多めがおすすめ**

にらの梅海苔和え

▶材料（2〜3人分）
にら…1束
焼き海苔…2枚
梅干し…1個（梅肉大さじ1）
砂糖…小さじ1
だし醤油…小さじ1
胡麻油…小さじ2

▶作り方
1. 沸騰した湯でにらをさっと茹でてざるにとり、冷ましてから水けを絞って3cmの長さに切る。
2. 梅干しは種を取り除き、包丁でたたいてペースト状にする。ボウルに梅干しを入れ、砂糖、だし醤油、胡麻油を加えて混ぜる。次に**1**を加えて混ぜ、ちぎった海苔を入れ、ざっくり混ぜて器に盛る。

餡で隠れるから、スが入っても気にしなくてOK

鰻の茶碗蒸し

▶材料（3〜4人分）

卵…3個

鰻の蒲焼き…1串

芹…4〜5本

A
- だし…450mℓ
- 薄口醤油…小さじ1½
- 酒…小さじ1½
- 塩…少々

餡
- だし…200mℓ
- 薄口醤油…小さじ2
- みりん…小さじ2
- 塩…少々
- 水溶き片栗粉…片栗粉大さじ1＋水大さじ1

▶作り方

1. 鰻の蒲焼きは串を抜き、ひと口大に切る。
2. ボウルに卵を割りほぐし、**A**を加えてよく混ぜる。
3. 器に**1**を入れ、**2**の卵液を漉しながら入れてアルミホイルをかけ、蒸気の上がった蒸し器で15分、弱火で蒸す。
4. 蒸している間に餡を作る。水溶き片栗粉以外の材料を入れて火にかける。沸騰したら、ざく切りにした芹を加え、水溶き片栗粉を混ぜながら入れてとろみをつけ、**3**にかける。

>> p10-12で、『カジュアル割烹風 鯛茶漬け定食』

仕事で帰りが遅くなったり、晩ごはんを作るのが億劫《おっくう》なときに作るのが鯛茶漬けです。
日本料理店で出てくる手の込んだ料理というイメージがあるのですが、
お刺身を切って、タレを合わせるだけ。あとはごはんを炊けばよいので簡単。
途中でかけるだしも、だしパックを煮出すだけ。だしでなく緑茶でもOKです。
あとは、市販の鰻の蒲焼きを使った茶碗蒸し。具に入れた鰻から旨みが出るので、
シンプルでもとても深い味わい。仕上げに芹入りの餡をかければ、
美味しいうえに、茶碗蒸しに「す」が入っても上手に隠せて一石二鳥です。
季節のホタルイカとそら豆の炒めものも、下ごしらえ要らずなので、あっという間に完成。
どれも切ったり、和えたり、さっと炒めたりするだけでできるので
究極の手抜きごはんだと思っています。

蓋をして、フライパン蒸しをしたほうが、火の入りが早い

豚ロースの巻き串焼き

▶材料（3〜4人分）

豚ロース薄切り肉…6枚
大葉…9枚
塩、胡椒…各適量
すだち…1½個※省略可

▶作り方

1. 豚ロース薄切り肉を1枚ずつ広げて、縦半分に切った大葉を豚ロース肉1枚につき、3枚並べて端からくるくると巻き、2個ずつ並べて横から串を刺す。
2. 両面に塩・胡椒をし、フッ素樹脂加工のフライパンに並べて火にかける。ふたをして中火で片面に香ばしい焼き色がつくまで焼いたら、ひっくり返して裏側も同じように焼く。
3. 焼けた肉の油をペーパータオルで軽く拭き、器に並べて半分に切ったすだちを添える。

疲れたときは、
いつもたたきに酸味をプラスします

鯵のたたき梅干しダレ

▶材料（3〜4人分）
鯵の刺身…1パック
大葉…3〜4枚
小ねぎ…3本
茗荷…1個
かいわれ大根…½パック
生姜…1片
梅干しダレ
　梅干し…1個
　ポン酢…大さじ1
　太白胡麻油…大さじ1

▶作り方

1. 大葉と茗荷は縦半分に切って細切り、小ねぎは小口切り、かいわれ大根は根元を切り落として2㎝の長さに切り、生姜はみじん切りにする。これらをボウルに入れ、軽く水にさらしてからざるに上げて水けをしっかり取る。
2. 刺身用の鯵は細切りにする。
3. 梅干しダレを作る。梅干しは種を取り除き、ペースト状にたたいてポン酢と太白胡麻油を混ぜる。
4. 器によく冷やした鯵を盛りつけて**1**の薬味を散らし、**3**の梅干しダレをかける。

里芋は、やわらかく
なりすぎないように注意！

里芋のみたらし

▶材料（3〜4人分）
里芋…小10個
片栗粉…適量
サラダ油…小さじ2
合わせ調味料
　醤油…大さじ2
　酒…大さじ2
　みりん…大さじ2
　砂糖…大さじ1

▶作り方

1. 里芋は洗って皮ごと蒸すか、やわらかくなるまで茹でて皮をむく。
2. 里芋が冷めたら片栗粉をまぶす。
3. フッ素樹脂加工のフライパンにサラダ油を引き、**2**の里芋を並べて火にかけ、中火で里芋の表面に香ばしい焼き色がつくまで転がしながら焼く。
4. 合わせ調味料を加えて沸騰させ、とろみがつくまでからませる。

生の春菊を美味しく。
シンプルだから和食にも合う！

柿と春菊のサラダ

▶材料（4人分）
柿…1個
春菊…1束
ドレッシング
　粒マスタード…小さじ1
　ワインビネガー…小さじ2
　醤油…小さじ1
　オリーブオイル…大さじ1
　塩、胡椒…各少々

▶作り方
1. 春菊は葉の部分のみをつんで冷水に放ち、水けを拭く。
2. 柿は皮をむいて縦半分に切り、種があれば取り除いて1cm幅に切る。
3. ドレッシングは合わせておく。
4. ボウルに春菊と柿を入れ、ドレッシングで和える。

火を使わないおつまみこそ、
レパートリーを増やして

クリームチーズ奴

▶材料（4人分）
クリームチーズ（Kiri®を使用）
　小分けパック…4個（72g）
削り節…1パック（2.5g）
醤油…適量
芽ねぎ（または小ねぎ）…適量※省略可

▶作り方
1. クリームチーズは2cm角に切ってから、削り節をまぶして器に盛る。
2. 刻んだ芽ねぎもしくは小ねぎをのせて醤油をたらす。

油揚げをトースターで焼く手間ひとつで、味がグンッと変わる

焼き揚げうどん

▶材料(2人分)

茹でうどん…2玉

油揚げ…1枚

九条ねぎ(またはわけぎ)

…3本

A
- だし…800mℓ
- 塩…小さじ1
- 薄口醤油…大さじ1
- 酒…大さじ1

▶作り方

1. 油揚げはオーブントースターでカリッと香ばしく焼き、1cm幅に切る。九条ねぎは斜め切りにする。
2. 鍋に**A**を入れて沸騰させ、茹でうどんを入れてやわらかくなるまで煮る。仕上げに九条ねぎを加え、ひと煮立ちさせて器に盛り、油揚げをのせる。

>> p14-17で、『居酒屋風ごはん』

好きな作家さんの個展で
新しい酒器を買ったときなど、
すぐに使ってみたくて、その晩は、居酒屋風の献立に。
豊富な食材が揃う秋は日本酒が美味しくなる季節。
お酒に合う刺身や珍味類に、
こっくりとした煮物、箸休めになるサラダも。
しょっぱいもの、甘辛いもの、酸味のあるものなど、
いろいろな味を用意すると、飽きがこずお酒も進むはず。
お酒の肴《さかな》はちょこっとずつがお約束。いつものように
もりもりにしてしまっては野暮というもの（笑）。
シメには麺類やお茶漬けなど
熱々の汁物を用意すればお腹も満足です。

column

小皿を並べる居酒屋風や定食風の献立は、お盆を使ったコーディネートにするとばらばらの器にまとまりが出て、サマになるのでおすすめです。手彫りの風合いが温かみを感じさせる角盆は瀬戸《せと》晋《すすむ》さんの作品。小鉢や三寸皿と呼ばれる小さめのものを合わせて。珍味には、ぐい呑みを器代わりにして盛りつけても雰囲気が出ます。

時間差夕食でも、みんながやわらかふっくら食べられる！

煮込みハンバーグ

▶材料（3〜4人分）
合びき肉（牛7：豚3）…500g
玉ねぎ…1個
パン粉…½カップ
牛乳…50mℓ
卵…1個
塩…小さじ1
胡椒…少々
ナツメグ…少々
ドミグラスソース…1缶（290g）
野菜ジュース…1本（120mℓ）
トマトケチャップ…大さじ2
ウスターソース…大さじ2
バター…大さじ1
ブロッコリー…½株
にんじん…1本
マッシュルーム…12個

▶作り方
1. 玉ねぎはみじん切りにして塩少々（分量外）をふって、バターで透き通って甘みが出るまで炒め、冷ましておく。パン粉に牛乳をかけてふやかす。
2. ブロッコリーは小房に分け、にんじんは1.5cmの輪切りにし、それぞれ塩茹でにする。
3. ボウルに合びき肉、**1**、卵、塩、胡椒、ナツメグを入れ、粘りが出るまでよく混ぜる。
4. **3**を小判形にまとめる。
5. フライパンに**4**を入れて焼き、表面に焼き色がついたら裏返して軽く焼く。
6. 土鍋にドミグラスソース、野菜ジュースを入れて沸かし、ハンバーグとバター（分量外）、半分に切ってさっと炒めたマッシュルームを入れて煮込む。ウスターソースとケチャップ、塩、胡椒（各分量外）で味を調えてから、茹でた野菜類を加える。

酸味のきいたサラダをお口直し代わりに

サーモンとグレープフルーツのマリネサラダ

▶材料（3〜4人分）

スモークサーモン…120g
グレープフルーツ…1個
紫玉ねぎ…¼個
ディル…適量

A
- オリーブオイル…大さじ1½
- 白ワインビネガー…小さじ2
- 塩…少々
- 胡椒…少々

▶作り方

1. グレープフルーツは上下を切り落として皮をむき、房に沿って包丁を入れて果肉を切り取る。残った部分は果汁を搾る。
2. スモークサーモンは長さを半分に切る。紫玉ねぎは縦薄切りにして水にさらし、ペーパータオルで水けを取る。
3. ボウルに**A**とグレープフルーツの果汁を入れ、スモークサーモンと紫玉ねぎを和えてから、果肉も加え、軽く和える。器に盛りつけてディルを飾る。

生姜の千切りのおかげで
古漬けもさっぱりした味わいに

古漬けきゅうりとたくあんの箸休め（かくや）

▶材料（3〜4人分）
ぬか漬けの古漬けきゅうり…2本
たくあん…5cm
生姜…1片
白炒り胡麻…少々

▶作り方
1. 古漬けきゅうりは薄切りにする。塩辛ければ5分ほど水にさらして水けを絞る。たくあんは輪切りにしてから細切りにする。生姜はみじん切りにする。
2. ボウルに**1**を入れて混ぜ、器に盛りつけて炒り胡麻をふりかける。

薄〜く切って、
しんなりさせるのが好み

れんこんのきんぴら

▶材料（2人分）
れんこん…150g
赤唐辛子…¼本
砂糖…小さじ1
みりん…小さじ1
醤油…小さじ1
胡麻油…大さじ½

▶作り方
1. れんこんは皮をむき、2mmの厚さの輪切り（大きければ半月切り）にして水にさらす。
2. 鍋に胡麻油を熱し、水けをきったれんこんを入れ、強火で炒める。透き通ってきたら、砂糖、みりん、醤油をからめ、輪切りにした赤唐辛子も加えて、汁けがなくなるまで炒りつける。

>> p20-22で、『お箸で食べる洋食』

土鍋を、〝お鍋〟のときにしか使わないのはもったいない。いつまでも
熱々の状態で食べられるので、我が家では煮込み料理にも愛用しています。
今夜は家族みんなが喜んで、ごはんも進む煮込みハンバーグ。
ハンバーグは表面に焦げ目をつけるだけ。あとは、缶詰の
ドミグラスソースに野菜ジュースを加えたもので煮込むので、
火の入り具合を気にしなくてOK。そして、前菜には、
スモークサーモンとグレープフルーツのサラダを。
きんぴらのような甘辛味があると洋食のときもほっとします。
白飯のお供には、箸休めにもなる
古漬けきゅうりにたくあんを合わせた「かくや」も添えれば満腹満足。

細く切ったにんじんとたまねぎがとろとろルウの秘訣

トロトロチキンカレー

▶材料（4人分）
鶏もも肉…3枚（600g）
玉ねぎ…3個
にんじん…2本
にんにく（すりおろし）…1かけ分
生姜（すりおろし）…1かけ分
カレールウ（フレークタイプ）
　…1袋（170g）
マンゴーチャツネ
　（リンゴジャムやあんずジャムでも）
　…大さじ2
ウスターソース…大さじ2
塩、胡椒…各適量

▶作り方

1. 鶏もも肉は4〜5cm角に切り、塩、胡椒をふる。玉ねぎは縦半分に切って薄切りに、にんじんはスライサーなどで細切りにする。
2. フライパンを熱し、鶏肉の皮面をこんがりと焼きつけ、裏返して軽く焼く。
3. 煮込み用の鍋にサラダ油大さじ2（分量外）を入れ、玉ねぎを飴色になるまでじっくりと炒める。にんにくと生姜を加えてさらに炒め、にんじんも加えて軽く炒めてから、水3カップ（分量外）を注ぎ、**2**の鶏肉を入れて強火にかける。沸騰したら弱火にして、ときどきアクをすくいながら40分ほど煮込む。
4. 肉がやわらかくなったら、いったん火を止めてカレールウを入れて溶かし、マンゴーチャツネ、ウスターソースも加えて10分ほど煮込む。好みで茹で卵を添えても。

仕上げのバターと
黒胡椒はたっぷりと！

とうもろこしごはん

▶材料（4人分）
とうもろこし…1本
米…2合
水…360mℓ
酒…大さじ1
塩…小さじ1〜1½
バター…5g
黒胡椒…少々

▶作り方

1. とうもろこしは長さを半分に切り、粒をこそげ取る。米は研いでざるに上げる。
2. 鍋に米と水を入れ、30分ほどおく。炊く前に酒、塩、とうもろこしの粒と芯を加え、ふたをして中火にかける。
3. **2**が沸騰したら弱火にして13〜15分炊く。火を止めて5分ほど蒸らしたら、芯を取り出し、バターを加えて全体を混ぜ、黒胡椒をふる。

魚介はサッと炒めてから
後入れすると、硬くなりません

シーフードカレー

▶材料（3〜4人分）
玉ねぎ…2個
生姜…1かけ
にんにく…1かけ
トマトの水煮缶…1缶（400g）
水…600mℓ
ラード…大さじ2
カレールウ（フレークタイプ）
…1袋（170g）
ウスターソース…大さじ2
塩…適量
海老…8尾
イカ…2杯
ほたて…8個
オリーブオイル…大さじ2
白ワイン…大さじ2
米…2合
ターメリック…小さじ½※省略可
パクチー…適量

▶作り方

1. 玉ねぎ、生姜、にんにくはみじん切りにする。海老は殻をむき、背わたを取る。イカは胴とゲソに分け、わたを取り除き、胴は輪切りに、ゲソは食べやすい長さに切る。ほたては3〜4つに切る。
2. 厚手の鍋にラードを溶かし、玉ねぎを入れて飴色になるまでじっくり炒め、生姜、にんにくを入れてさらに炒め、トマトの水煮缶、水を入れて5分ほど弱めの中火で煮てからカレールウとウスターソースを加えてとろみが出るまで煮る。塩で味を調える。
3. フライパンにオリーブオイルを熱し、海老、イカ、ほたてを入れてさっと炒め、白ワインをふって炒め合わせ、**2**のカレーの鍋に加えてひと煮立ちさせる。
4. ターメリックを加えて炊いたごはん（白いごはんでも）と**3**を器に盛り、パクチーを添える。

コロッケの具材を、春巻きの皮で巻き巻き！

サモサ

▶材料（12個分）

合びき肉…200g
じゃがいも…2〜3個（240g）
玉ねぎ…½個
生姜（すりおろし）…1かけ分
溶けるチーズ…適量
春巻きの皮…4枚
カレー粉…大さじ1
クミンシード…小さじ2
塩…小さじ1
胡椒…少々
揚げ油、レモン汁、トマトケチャップ
タバスコ…各適量

▶作り方

1. じゃがいもは皮をむき、1㎝角に切ってやわらかくなるまで茹でる。
2. フライパンにサラダ油大さじ1（分量外）とクミンシードを入れ、弱めの中火で炒めて香りが立ったら、みじん切りにした玉ねぎを加えてしんなりするまで炒める。さらに生姜と合びき肉を加え、肉に火が通るまで炒めて、カレー粉を入れ、塩・胡椒をする。
3. ボウルに**1**と**2**を合わせてじゃがいもを粗くつぶす。粗熱が取れるまで冷まし、12等分にする。
4. 春巻きの皮を縦3等分に切る。手前に**3**と溶けるチーズを置き、三角になるように巻き、巻き終わりにのり（薄力粉小さじ2と水小さじ2を溶いたもの。分量外）を塗って留める。
5. 170℃の揚げ油できつね色になるまでからりと揚げる。
器に盛り、レモン汁とタバスコを加えたケチャップを添える。

カンタンに
異国感を味わえるサラダ

ライタ

▶材料（作りやすい分量）
きゅうり…2本
紫玉ねぎ…¼個
プレーンヨーグルト（無糖）…100mℓ
レモン汁…大さじ2
塩…小さじ1
胡椒…少々
にんにく（すりおろし）…少々
クミンパウダー…少々
ミントの葉…適量

▶作り方
1. きゅうりは皮を縞目にむき、1cm幅の輪切りにする。紫玉ねぎはみじん切りにする。
2. ヨーグルトはペーパータオルで軽く水分をきり、ボウルに入れて、にんにく、紫玉ねぎ、レモン汁、クミンパウダー、塩、胡椒を加えて混ぜる。
3. **2**にきゅうりを加え、軽く和えて器に盛り、ミントをわさっとのせる。

我が家のカレーに欠かせない、
酸味のきいた箸休め

もやしマリネ

▶材料（作りやすい分量）
もやし…1袋
生姜（みじん切り）…1かけ分
白ワインビネガー…大さじ1½
オリーブオイル…大さじ2
塩、胡椒…各適量

▶作り方
1. もやしはひげ根を取り、水に浸してシャキッとさせる。
2. 鍋に湯を沸かして、もやしを入れ、1分茹でてざるに上げる。
3. もやしが熱いうちにボウルに入れ、生姜のみじん切り、白ワインビネガー、塩、胡椒で和える。出た水けを一度きり、塩と白ワインビネガー（分量外）、オリーブオイルで味を調える。

>> p24-p27で、『懐かしのカレーライスセット』

我が家のカレーは、スパイス控えめでトロトロの
ちょっぴり懐かしいおうちカレー。
大鍋いっぱいに作るので、息子が高校生だった頃、
連れて来た友人たちにもよくふるまっていました。
カレーの具は肉だけ。玉ねぎもにんじんも細切りにして
トロトロになるまで煮込んでしまいます。
市販のルウを使うのですが、
チャツネやソースを隠し味にすれば味わい深く、
誰が食べてもほっとする味に。
茹で卵やもやしのマリネ、ライタに薬味をいろいろ並べれば、
食卓もぐんとにぎやかになって食べ飽きません。
カレーの前にはなにかおつまみも欲しいので
春巻きの皮を使った自己流のサモサも。
カリッと熱々で冷たいビールにぴったり。

衣を極力薄くするのが、秘訣です

とうもろこしとそら豆、海老のかき揚げ

▶材料（3〜4人分）
とうもろこし…1本
そら豆…15個
むき海老…100g
天ぷら粉…1カップ
水…150mℓ
揚げ油…適量

▶作り方

1. とうもろこしは皮をむいて芯から粒をこそげ落とす。そら豆は薄皮をむいて2つに割る。むき海老は塩水でさっと洗ってから水けをよく拭き取る。
2. ボウルに**1**を入れ、天ぷら粉を大さじ2ふり入れて材料にさっとまぶす。残りの天ぷら粉を冷水で溶いたものを加えてさっと混ぜる。
3. フライパンに底から2㎝ぐらいの深さまで揚げ油を注いで150〜160℃に熱し、**2**を大さじですくって静かに落とし、菜箸で軽く形を整えながらカリッと揚げる。

きゅうりの食感と
生姜で、口の中をさっぱりさせます

きゅうりの生姜和え

▶材料（3〜4人分）
きゅうり…2本
生姜…1かけ
太白胡麻油…大さじ1
だし醤油…大さじ1
塩…ひとつまみ

▶作り方
1. きゅうりは皮を縞目にむき、3cmの長さに切ってから四つ割りに、生姜は千切りにする。
2. ボウルに**1**を入れ、太白胡麻油、だし醤油、塩で和える。

糖度の高い、
フルーツトマトとの組み合わせが好み

トマトのもずく酢

▶材料（2人分）
フルーツトマト…2個
市販のもずく酢…1個
めんつゆ（3倍希釈）…大さじ½

▶作り方
1. トマトはへたを取ってくし形に切る。もずく酢にめんつゆを混ぜ、トマトと軽く和える。

普段は、「佐藤養助」の稲庭うどんを使用

豚バラと長ねぎの胡麻汁つけうどん

▶材料（3〜4人分）
豚バラ薄切り肉…200g
長ねぎ…1本
えのきだけ…1パック
だし…2.5カップ
めんつゆ（3倍希釈）…100mℓ
塩…適量
練り胡麻…大さじ3〜4
白すり胡麻…適量
稲庭うどん…120〜150g
五味薬味（右参照）…適量

▶作り方
1. 豚バラの薄切りは3cm幅に、長ねぎは斜め切りに、えのきだけは根元を切り落として半分に切る。
2. フライパンで豚バラの薄切りを炒め、色が変わったら、長ねぎとえのきだけを加えてしんなりするまで炒める。だしを注いでひと煮立ちしたら、濃縮タイプのめんつゆを加え、塩で味を調えたら、最後に練り胡麻を溶かし入れて、つけ汁は完成。
3. 稲庭うどんは袋の表示どおり、たっぷりの湯で茹で上げて冷水で締める。
4. 取り分けの碗につけ汁を入れ、すり胡麻をトッピングし、冷たいうどんには五味薬味を添える。好みで黒七味（分量外）も。

松本孝美さん直伝！　夏は常備必須です

五味薬味

▶材料（作りやすい分量）
小ねぎ…½〜1束
茗荷…3〜4個
大葉…20枚
生姜…1かけ
かいわれ大根…1パック

▶作り方
1. 小ねぎは小口切り、茗荷と大葉は縦4等分にしてから2mm幅に切る。生姜はみじん切り、かいわれ大根は根元を切り落としてから1cm弱の長さに切る。
2. **1**をボウルに入れてさっと水にくぐらせてざるに上げ、密閉容器で保存する。

>> p30-32で、『薬味たっぷり夏うどん』

厳しい暑さが続くと食欲も落ちがち。
そんなときに頼りになるのが小ねぎ、茗荷《みょうが》、生姜《しょうが》、大葉、
かいわれ大根などの香味野菜を刻んで取り合わせた万能薬味。
作っておくと冷蔵庫で4〜5日持つし、麺類や冷や奴にはもちろん、
刺身、サラダ、焼いた魚や肉など何にでもよく合います。
晩ごはんには麺類だけでは淋しいので、副菜に旬の野菜料理を。
かき揚げにかりかりのきゅうり、酢のものとして
トマトのもずく酢を添えれば満足度もぐんとアップします。

アク出ない、ラク鍋を知っていれば秋冬は乗り切れる

白だし鍋

▶材料（4人分）

豚バラ肉（しゃぶしゃぶ用）…400g
ほうれん草…1.5束
油揚げ…2枚
水…800〜1,000㎖
白だし…60〜75㎖
生姜…1かけ
薬味（キムチ、小ねぎ、すだち）
…各適量

▶作り方

1. 油揚げは熱湯をかけて油抜きし、2㎝幅に切る。ほうれん草は根元をよく洗い、長さ半分に切る。
2. 鍋に分量の水を張り、白だしと薄切りにした生姜を入れ、沸騰したら豚バラ肉と油揚げ、ほうれん草を加える。器に取り分け、小口切りにした小ねぎやキムチを添え、好みですだちを搾って食べる。

買ってきたお刺身を
ひとアレンジするだけ

鯛の昆布締め風

▶材料（3〜4人分）
鯛の刺身…1さく
大葉…1枚※省略可
穂じそ…2本※省略可
塩…少々
塩昆布…大さじ2
すだち…1個
わさび…適量

▶作り方
1. 鯛の刺身は削ぎ切りにし、塩少々をふる。
2. 器に大葉を敷いて鯛を盛り、塩昆布をのせる。すだちとわさび、穂じそを添える。

季節の果物を入れて、
小料理屋風にするのが楽しい！

柿入り白和え

▶材料（3〜4人分）
柿…1個
しめじ…1パック（100g）
さやいんげん
…½パック（70〜80g）
こんにゃく…½枚
和え衣
木綿豆腐…1丁
練り胡麻…大さじ2
砂糖…大さじ2
薄口醤油…大さじ1
西京味噌…大さじ1
煮汁
だし…100㎖
みりん…小さじ2
薄口醤油…小さじ2
酒…小さじ2

▶作り方
1. 和え衣の木綿豆腐は、ペーパータオルで包み、バットなど重しをのせてしっかりと水きりする。
2. しめじは石づきを取り、小房に分ける。こんにゃくはたんざく切りにして下茹でする。いんげんは筋を取り、長さ2㎝の斜め切りにして塩茹でする。柿は皮をむいて種があれば取り、3㎝幅のたんざく切りにする。
3. 煮汁を沸騰させ、しめじとこんにゃくをさっと煮て、そのまま冷ます。冷めたら、茹でたいんげんも加えて味を含ませる。
4. すりばちに水切りした豆腐と調味料を加えて滑らかになるまで擦り合わせ、和え衣を作る。
5. **3**の汁けをきり、**4**に加えてざっくりと混ぜる。最後に柿も加える。

>> p34-35で、『常夜鍋の日』

寒さが厳しい時季には、温かい鍋はなによりのごちそう。
なかでも豚しゃぶは登場回数No.1。ただいつもと同じでは芸がない。
白だしで味つけしたつゆで、油揚げとほうれん草を入れた白だし鍋は、
シンプルで食べ飽きない美味しさ。キムチを添えるといくらでも食べられます。
さらに箸休めがあるとメリハリが出て、よりシンプルなこの鍋が引き立ちます。
ひんやりとした口当たりがうれしい白和え。旬の果物も加えて甘じょっぱい味も楽しみます。
鯛の刺身に塩昆布を添えるだけで、即席の昆布締めに。
また、お餅をバターで焼いて、イタリアン用のからすみパウダーをかけて
海苔でくるめば、ちょっと贅沢なお酒のアテになります。

お餅の新たな使い道に

からすみバター餅

▶材料（4人分）
丸餅…4個
バター…大さじ2
からすみパウダー…大さじ4
塩…少々
海苔（手巻きすし用）…4枚

▶作り方
1. フライパンにバターを溶かし、丸餅を入れて、表面に香ばしい焼き色がついてぷくっとやわらかくなるまで弱火で両面を焼く。
2. 海苔の上に焼けた餅をのせ、塩とからすみパウダーをふる。海苔で餅を包んで食べる。

＼おつまみにどうぞ／

オーブントースターでカリッと焼いても

厚揚げのピリ辛ガーリックバターソース

▶材料（3〜4人分）
厚揚げ…1枚
バター…大さじ3
にんにく…1かけ
豆板醤…小さじ1〜2
酒…大さじ1
醤油…大さじ1
だし醤油…大さじ1
椎茸（エノキダケやしめじでも）
…3枚
万願寺唐辛子
（ピーマンやししとうでも）…3本

▶作り方

1. 厚揚げは食べやすいよう6つに切って、油を引かないフライパンで表面がカリッとするまで焼き、器に盛る。椎茸は軸を取って2つに切り、万願寺唐辛子はところどころに包丁で穴をあけ、それぞれサラダ油（分量外）で焼いて軽く塩・胡椒（分量外）をふる。
2. 小さなフライパンにバターを溶かし、すりおろしたにんにくと豆板醤を加えて中火でブクブクと泡立ってくるまで加熱したら、酒、醤油、だし醤油を合わせて混ぜながら加え、つやが出るまでさらに加熱して器に盛りつけた厚揚げにかける。椎茸と万願寺唐辛子を添える。

冷めても美味しいので、先に作っておくことをおすすめ

なすとピーマンの鍋しぎ

▶材料（3〜4人分）

なす…4個

ピーマン…4個

太白胡麻油…大さじ1

A
- 味噌…大さじ2
- 酒…大さじ2
- みりん…大さじ1
- 砂糖…大さじ1½
- 醤油…大さじ1
- 水…大さじ1

赤唐辛子…½本

白炒り胡麻…少々

▶作り方

1. なすはへたを取り、ひと口大に切って薄い塩水に浸けてから水けを拭く。ピーマンは種を取ってひと口大に切る。**A**は合わせる。
2. フライパンに太白胡麻油と種を取って半分にちぎった赤唐辛子を入れ火にかけ、なすを入れてしんなりするまで炒めたら、ピーマンも加えてひと混ぜしてから**A**を加え、汁けがなくなるまで煮る。器に盛りつけて炒り胡麻をふりかける。

生姜が入るだけで、さっぱり箸休めに

いんげんの生姜和え

▶材料（3〜4人分）

さやいんげん…1パック
生姜…1かけ
だし醤油…小さじ2
胡麻油…小さじ1
塩…適量

▶作り方

1. いんげんは4㎝の長さに切って塩茹で（2分程度）にする。
2. ざるに上げて水けを切り、熱いうちにすりおろした生姜とだし醤油、胡麻油で和える。

買ってきた焼き秋刀魚を炊き込んでもOK

梅干し入り秋刀魚ごはん

▶材料（3〜4人分）

秋刀魚…2尾
米…2合
A
- だし…360mℓ
- 塩…小さじ½
- 酒…大さじ1
- 醤油…小さじ2

梅干し…2〜3個
長ねぎ（小口切り）…適量
すだち…1〜2個

▶作り方

1. 米は炊く30分〜1時間前に、研いでざるに上げておく。
2. 秋刀魚は洗って、内臓を抜いて洗い（好みで頭を切り落としても）、長さを半分に切る。表裏に塩（分量外）をふり、グリルで皮に香ばしく焼き目がつくまで焼く。
3. 土鍋に米と**A**を入れ、その上に焼いた秋刀魚と梅干しをのせる。ふたをして中火にかける。沸騰したら弱火にして13分炊き、火を止めて5分蒸らす。
4. 長ねぎを散らし、すだちを添える。

>> p38-41で、『新米を味わう定食屋風ごはん』

新米の季節が到来すると、
みずみずしく甘い新米の美味しさを味わいたいので
ごはんを主役にした献立が増えます。
旬の秋刀魚《さんま》を塩焼きにして土鍋で炊き込んだごはんには、
梅干しを加えてさっぱりと味わい深く。
旨みのあるごはんが主役なので、
あとは野菜とお味噌汁があれば大満足。
滋味あふれる和食にメリハリを出すのが、
厚揚げのピリ辛ガーリックバターソース。
カリッと焦げ目をつけてにんにくと豆板醤の効いた
バター醤油でパンチを出せば、
食べごたえがアップするだけでなく、おつまみにもなります。
たとえばお味噌汁は、大根を胡麻油で炒めて旨みとコクをプラスしてみたり。
なすとピーマンの鍋しぎは、甘辛味のほっとする味で。
甘辛味があると献立全体がしっくりまとまります。

column

旬の素材を使って、土鍋や厚手のホーロー鍋で作る炊き込みごはんは食卓の主役になってくれます。秋刀魚と梅干し以外にも、仕上げにバターを加えるさつまいも、豚バラ肉ときのこ、牡蠣と生姜などいろいろと。主役の素材を引き立てる薬味的なものと組み合わせると、メリハリがついてぐんと味わい深くなります。

COLUMN

ごはん作りを助ける 〝調理道具〟

我が家のごはん作りをグッと楽に、
そして楽しいものにしてくれた
欠かせない、お気に入りの道具たち。

1_ミニせいろ(直径18cm)

我が家では電子レンジの代わりに大活躍中。点心類を蒸すのはもちろん、冷凍したごはんは炊きたてにも負けない仕上がりに。野菜としゃぶしゃぶ用の肉を盛り合わせれば、ヘルシーなせいろ蒸しも簡単にできる。

2_釜浅商店で購入した ステンレス片口

カップの内側に目盛りがついたステンレス製の軽量カップは、片口がついているので中のものを移すときにも注ぎやすい。たっぷり500mℓの容量なのもうれしい。そのまま食卓にも出すことも。(釜浅商店)

3_ちいさなジャム鍋

料理研究家・小堀紀代美さんがプロデュースした小さな片手鍋。銅製で熱伝導がよい。直径が小さめで深さのある形状は、ジャムを煮ても吹きこぼれないのでうれしい。卵や少量の野菜を茹でるときにも重宝する。

4_Williams Sonomaの胡椒ひき

20年以上前にハワイで買った真鍮製の胡椒ひき。食卓に置いても邪魔にならないシンプルでどこかレトロな雰囲気のデザインがお気に入り。底のねじを締めて調節することで粒の細かさを選べるところも魅力。

5_SUNCRAFTの みじん切りたまごマッシャー

鶏の脚のようなフォルムがユーモラスな茹で卵マッシャー。先の尖った部分でざく切りにしてから、底面を押しつければ簡単にペースト状になる。茹で卵以外にもアボカドやいちご、豆腐などにも使える。(SUNCRAFT)

6_貝印 旬Shun Classic 三徳ナイフ175mmとペティナイフ100mm

とにかくその切れ味の良さに驚かされる。持ち手もほどよい重さでしっかりと持ちやすく、千切りやみじん切りが楽しくなる。万能タイプの三徳と使い勝手のいいペティナイフの2種類を愛用中。(貝印株式会社)

7_Microplane のゼスターグレーター

レストランと同じようにパルミジャーノがふんわりとおろせる。これがあると仕上げにとても便利。チーズだけでなく、レモンの皮や変わったところではわさびをおろすのもおすすめ。さっと洗えてお手入れも簡単。(Microplane/株式会社池商)

8_ritterのピーラー

軽くて無駄のないシンプルなフォルムが持ちやすく、切れ味抜群でどんな野菜の皮もスルスルと薄くがむけるのがうれしい。これがキッチンにないと不安になってしまうほど。

9_金網つじの手付きセラミック付き焼き網

金網の下のセラミックが熱せられることでの遠赤外線効果で、食パンの表面がパリッと香ばしく焼き上がる。小型もあるが大きめサイズは焼き野菜や厚揚げなども中の水分を保ちつつ上手に焼けて便利。(高台寺一念坂 金網つじ)

10_しりしり器

斜めになった刃に、にんじんを当てながらおろすようにすることでしりしりやラペにぴったりの細切りがあっという間にできる。簡素な作りなのに、一気に細切りが簡単にできることに感動。

11_MEYER　スクエアグリルパン 24cm ガラス蓋 グリルプレス

脂分を落としながら焼けるグリルパン。皮面がカリッと焼き上がり、シマシマの焼き目がつくのがお店っぽくて、気分が上がります。素材を押しつけながら焼ける耐熱ガラス製のグリルプレスがついているのがとにかく便利。(MEYER)

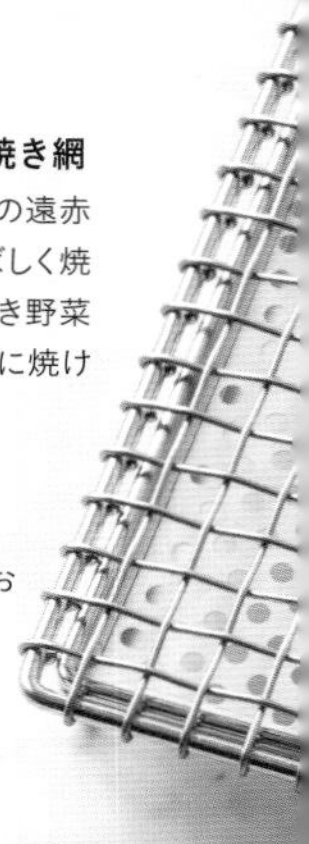

10

11

※p44-45のアイテムはすべて私物です。P.127にショップリストを掲載。ただし、同じ商品は品切れの可能性があります。

隠れ主役は、甘酸っぱいタレが染み込んだレタス！

油淋鶏《ユーリンチー》

▶材料（3人分）

鶏もも肉…2枚

下味用の調味料

- 卵…1個
- にんにく（すりおろす）…少々
- 醤油…大さじ1½
- 酒…大さじ1

レタス…½個

小ねぎ…適量※省略可

タレ

- 長ねぎ（みじん切り）…1本分
- 生姜（みじん切り）…1かけ分
- にんにく（みじん切り）…1かけ分
- 醤油…大さじ4
- 酢…大さじ4
- 砂糖…大さじ3
- 豆板醤…小さじ2
- 胡麻油…大さじ1

片栗粉…適量

揚げ油…適量

▶作り方

1. 鶏もも肉は数カ所に切り込みを入れ厚みを均等にし、下味用の調味料に30分以上浸ける。
2. 長ねぎ、生姜、にんにくに、醤油、酢、砂糖、豆板醤、胡麻油を合わせてタレを作る。
3. **1**の鶏肉に片栗粉をまぶし、170℃の油で表面がカリッとし、中まで火が通るようにじっくり（10〜12分）揚げる。
4. こんがり揚がった鶏肉を食べやすく切り分け、ざく切りにしたレタスの上に盛りつけ、**2**のタレと刻んだ小ねぎをかける。

卵はかきまぜすぎないようにして
ふわふわに仕上げて

トマトと卵の炒めもの

▶材料（3人分）

トマト…2個
卵…3個
きくらげ（乾燥）…10g
サラダ油…大さじ2
生姜（みじん切り）…小さじ1
合わせ調味料
- 紹興酒…大さじ1
- オイスターソース…大さじ1弱
- 醤油…小さじ2
- 胡椒…少々

▶作り方

1. トマトはくし形に8つに切る。きくらげは水でもどす。卵は溶きほぐして砂糖小さじ1、塩少々（ともに分量外）を混ぜる。調味料は合わせておく。
2. 中華鍋にサラダ油大さじ1を熱し、生姜を入れてひと混ぜしてから**1**の卵液を流し入れ、大きく混ぜて半熟状にして一度取り出す。
3. 同じ中華鍋にサラダ油大さじ1を足し、トマトときくらげを炒め、火が通ったら、**2**の卵を戻し、合わせ調味料を加えてさっと炒め合わせる。

炒めるよりもヘルシー！

ブロッコリーとアスパラガスの中華風おひたし

▶材料（3人分）

ブロッコリー…1株
グリーンアスパラガス…3〜4本
オイスターソース…大さじ1弱
醤油…大さじ1弱

▶作り方

1. ブロッコリーは小房に切り分け、アスパラガスは根元の硬い部分を除いて斜め切りにする。
2. 鍋にたっぷりの湯（1ℓ）を沸かし、サラダ油大さじ1、塩大さじ$\frac{1}{2}$（ともに分量外）を入れて、ブロッコリーとアスパラガスを色よく茹でる（2分ほど）。
3. **2**が熱々のうちに、オイスターソースと醤油を合わせたものをかける。

焼き餃子よりもカンタンと、我が家では頻度高めの一品

焼売《シュウマイ》

▶材料（3人分）
豚ひき肉…200g
卵…1個
ほたての水煮缶…小1缶（90g）
玉ねぎ…½個
醤油…大さじ1
生姜の搾り汁…大さじ1
塩…小さじ1弱
砂糖…小さじ1
胡椒…少々
片栗粉…大さじ2
焼売の皮…20枚
からし、酢、醤油…適量

▶作り方

1. ボウルで豚ひき肉と卵を混ぜ、醤油、生姜の搾り汁、塩、砂糖、胡椒、片栗粉、みじん切りにした玉ねぎ、ほぐしたほたての水煮を缶汁ごと加える。粘りけが出るまでよく混ぜる。
2. 焼売の皮の中央に大さじ1程度の**1**のたねをスプーンやへらでのせて四隅を寄せて形作る。
3. せいろや蒸し器に（オーブンペーパーやガーゼを敷いても）、焼売を並べて湯気の立った状態から15〜20分蒸す。からしと酢醤油を添えて。

ザーサイの塩けを頼りに、味つけはシンプルで

ザーサイのスープ

▶材料（3〜4人分）

ザーサイ…40g
豆腐…半丁
きぬさや…6〜8枚
水…400mℓ
顆粒鶏ガラスープの素…小さじ2
酒…大さじ1½
胡椒…少々
胡麻油…少々
パクチー…適量

▶作り方

1. ザーサイは軽く水洗いして薄切りにする。きぬさやは筋を取って斜め半分に切る。
2. 鍋に水を入れて沸かし、**1**を入れてひと煮立ちさせ、鶏ガラスープの素を加え、豆腐をスプーンですくい入れ、胡椒、酒で味を調え、胡麻油をたらす。器に取り分け、パクチーをのせる。

>> p46-49で、『町の中華屋風セット』

親しみやすくてスタミナ満点の
「町中華」風メニューは、出番が多い献立のひとつ。
油淋鶏をメインに野菜料理を
たっぷりと添えて体にも優しく。
揚げ、蒸し、炒めと調理法を変えることで、
完成度も満足度もぐんとアップします。
ビールから始めて、
白ごはんで締めるのがいつものパターンです。

column

飾らない料理が多いだけに、町中華っぽさを出すためには器の力を借ります。例えば、点心などは小さなせいろで蒸して、そのまま食卓に出したり、中華っぽい絵皿や色皿を混ぜてコーディネートするとそれっぽくなって、気分も上がります。写真の絵皿は、結婚したときにセットで購入した「クニエダヤスエ」さんプロデュースのチャイニーシリーズ。可愛くて華やかなところが大好きでよく登場させています。復刻を希望！

鶏肉と胡麻油で、しっかりとお腹にたまります

鶏粥

▶材料（3〜4人分）

米…1合
水…2ℓ
鶏ささみ…3〜4本
顆粒中華スープの素…小さじ2
塩…小さじ1
胡椒…少々
胡麻油…適量
薬味（生姜、長ねぎ、パクチー）
　…各適量
ザーサイ…適量
ピータン…適量※省略可

▶作り方

1. 米を研ぎ、土鍋に分量の水と一緒に入れ、1〜2時間水に浸す。
2. **1**に鶏のささみと中華スープの素を入れて、煮立つまで強火にし、その後弱火で1時間ほどかけてじっくりと炊く。途中水分が減ってきたら200mℓ（分量外）を目安に水を足す。
3. 塩、胡椒で味を調えて器に盛り、取り出したささみは裂いてのせる。胡麻油をたらし、千切りにした生姜と長ねぎ、パクチーをのせ、ザーサイ、ピータンを別に添える。

サラダよりも食べやすい、
野菜の摂り方

レタスの湯引き

▶材料（3〜4人分）
レタス…小1個
サラダ油…小さじ1
塩…小さじ½
オイスターソース…大さじ1弱
醤油…小さじ1

▶作り方
1. レタスはざっくりと手でちぎる。
2. 鍋に湯を沸かし、サラダ油と塩を入れ、レタスを加えてさっと茹でてざるに上げる。
3. 器に湯引きにしたレタスを盛り、オイスターソースと醤油を合わせたものをかける。

トマトサラダのバリエを増やしておくと
献立作りに便利

トマトサラダ

▶材料（3〜4人分）
トマト…3個
玉ねぎ…½個
セロリ…10㎝
パセリ…適量
ドレッシング
　醤油…大さじ1
　だし醤油…大さじ1
　酢…大さじ3
　砂糖…大さじ½
　みりん（煮切っておく）…大さじ2
　塩…小さじ½
　サラダ油…大さじ2

▶作り方
1. 玉ねぎ、セロリ、パセリは細かいみじん切りにし、それぞれ水にさらして固く水けを絞る。
2. ドレッシングの材料を合わせる。
3. トマトはへたを取って、縦半分に切ってから7〜8㎜にスライスする。
4. 器にトマトを盛り、食べる直前にドレッシングに**1**で刻んだ玉ねぎ、セロリを混ぜ合わせたものをたっぷりとかけて、仕上げにパセリをかける。

たくあんの塩けで味つけがカンタンになるのが◎

たくあん入り卵焼き

▶材料（3〜4人分）
卵…4個
たくあん…80g
塩、胡椒…各少々
砂糖…ひとつまみ
胡麻油…小さじ1弱
サラダ油…大さじ2

▶作り方
1. ボウルに卵を溶きほぐし、塩、胡椒、砂糖、胡麻油を加え、7〜8㎜角に切ったたくあんを加える。
2. フライパンにサラダ油を入れて強火で熱し、**1**の卵液を一気に入れて、ざっくり大きく混ぜながら好みの硬さに焼く。

>> p52-54で、『胃腸整えなおし中華』

忘年会、お正月、新年会などイベントの多い年末年始は、
ごちそう続きで胃腸も少々お疲れ気味。
そんなときは鶏のささみを一緒に炊いた滋味あふれる中華粥で体を労《いたわ》りたいもの。
土鍋を使えば食卓に運んでもいつまでも熱々を楽しめます。
胡麻油で風味づけしたお粥に薬味をたっぷりと。
副菜もお粥に合うレタスの湯引きや、たくあん入りの卵焼きなどを添えてヘルシーに。
あとは、冷たいトマトのサラダで口の中をすっきりとリセット。
玉ねぎやセロリの風味でアクセントをつけたちょっと甘めのドレッシングに、
トマトの酸味がマッチして飽きずに食べられます。

いつもの冷や奴がカンタンおつまみに変身

冷や奴 明太子ソース

▶材料(4人分)

絹ごし豆腐…1丁
小ねぎ…適量
大葉…4枚
明太子ソース
- 明太子…1腹
- おろしにんにく…少々
- 醤油…小さじ2
- 胡麻油…大さじ1

▶作り方

1. 明太子ソースを作る。明太子は薄皮からしごきだし、おろしにんにく、醤油、胡麻油を混ぜる。
2. 絹ごし豆腐は4つに切り、大葉を敷いた器に盛り、明太子ソースをかけ、刻んだ小ねぎをのせる。

中国湖南料理のスパイス。から揚げやスペアリブにも

なすの揚げもの 毛沢東スパイスがけ

▶材料(3〜4人分)
なす…2個
米粉…75g
塩…少々
重曹…少々
ビール…100㎖
揚げ油…適量

毛沢東スパイス(作りやすい分量)
フライドオニオン…30g
干し海老(細かく刻む)…10g
青唐辛子(種を取って細かく刻む)…1本
花椒…5g
ガーリックパウダー…5g
ジンジャーパウダー…5g
五香粉…5g
砂糖…小さじ2
塩…小さじ1
顆粒鶏ガラスープの素…小さじ1
水…大さじ2

▶作り方

1. 毛沢東スパイスを作る。小鍋に鶏ガラスープの素と水を入れて沸かし、フライドオニオン、干し海老、スパイス類、砂糖、塩を入れて水けがなくなってパラパラになるまで弱火でかき混ぜながら乾煎りする。仕上げに青唐辛子を加える。
2. なすは皮をむいて1㎝幅の薄切りにし、さっと水にさらしてから水けを拭き、米粉(分量外)を軽くまぶす。
3. ボウルに米粉、塩、重曹を入れて混ぜ、さらにビールを少しずつ加えて混ぜる。
4. なすを**3**にくぐらせ、180℃の揚げ油でさっくり揚げる。揚げたてをボウルに入れ、毛沢東スパイスをふってからめる。器に盛り、好みで毛沢東スパイスをふりかける。

あさりと豚バラのW使いに
きのこの旨みもたっぷり

きのこ鍋

▶材料（3〜4人分）
豚バラ薄切り肉（食べやすい大きさに切る）…300g
アサリ（砂抜きする）…500g
きのこ（しいたけ、エリンギ、しめじ、えのきだけ、
白舞茸など好みのもの）…各1パック
チンゲン菜…1株
水菜…1束
水…1.5ℓ
紹興酒または日本酒…大さじ2〜3
塩…小さじ1
胡麻油…大さじ2
つけダレ
　レモン汁…適量
　塩…適量
　粉唐辛子（または黒胡椒）…適量

ザーサイ、長ねぎ、生姜の
食感が肝

〆の麺

▶材料（3〜4人分）
中華麺…2玉
豆乳…200mℓ
味噌…大さじ2
醤油…大さじ½
砂糖…小さじ2
ザーサイ（みじん切り）…大さじ4
長ねぎ（みじん切り）…5cm分
生姜（みじん切り）…大さじ2
白すり胡麻…大さじ3〜4
ラー油…適量
パクチー…適量
サラダ油…適量

▶作り方
1. きのこは汚れを拭き、小房に分けたり、食べやすい大きさに切ったりする。
2. 鍋に水とアサリを入れて火にかけ、アサリは殻が開いたら取り出し、スープは漉して鍋に戻し、酒、塩で味つけする。アサリは殻から身をはずす。
3. **2**のスープにきのこを加えてひと煮立ちさせ、アサリのむき身、豚肉、食べやすく切ったチンゲン菜、水菜を加えて火が通るまで煮て、仕上げに胡麻油を回しかける。
4. 食べるときはレモン汁に塩と粉唐辛子を加えたタレにつけて食べる。
5. 〆の麺は、具を食べたあとのスープ2カップに、味噌、醤油、砂糖で味つけし、最後に豆乳を加えて沸騰しないように温める。
6. 中華麺を茹でて器に盛り、**5**のスープを注ぎ、ザーサイと長ねぎ、生姜をサラダ油で炒めたものをのせ、すり胡麻をふりかけ、好みでラー油をたらし、パクチーを添える。

残った餃子の皮の、
新たな使い道に！

海老の香り揚げ

▶材料（3〜4人分）
無頭海老（ブラックタイガー）…12尾
塩、胡椒…各少々
大葉…12枚
餃子の皮…12枚
のり（片栗粉＋湯）…適量
揚げ油…適量

▶作り方
1. 海老は尾を残して殻をむき、背わたを取って塩・胡椒をふる。
2. 海老に大葉を巻き、尾を外に出して餃子の皮で包んでのりで留める。
3. 160℃に熱した油で**2**をきつね色になるまでカリッと揚げる。
4. 器に盛りつけ、塩と花椒、トマトケチャップ、スイートチリソース（すべて分量外）など、好みの薬味やソースを添える。

和えるだけの、
箸休めを覚えておいて

かぶの塩昆布あえ

▶材料（2人分）
かぶ…2個
塩昆布…6g
赤しそふりかけ…少々
塩…小さじ½
太白胡麻油（またはサラダオイル）…小さじ2

▶作り方
1. かぶは皮をむき、縦に半分に切って薄切りにする。塩を軽くふり、10分ほどおいて水けが出たら軽くもんでから水けを拭く。
2. ボウルに**1**を入れ、塩昆布、赤しそふりかけ、太白胡麻油を加えて和える。

>> p56-59で、『中華鍋コース風』

寒さが厳しくなるシーズンでは
お鍋が食卓に上る機会も多くなります。
豚しゃぶやキムチ鍋などの定番鍋に加えたいのが、
アサリと豚バラの旨みたっぷりの中華風きのこ鍋。
きのこは種類が多いほど食感がよく、味わいが増します。
そして鍋のときの副菜は、
カリッと香ばしい揚げものや酸味のあるものを用意。
最近気に入っているのが、毛沢東スパイスと呼ばれる
スパイス塩をふりかけたなすの揚げもの。
このスパイス塩があればいろいろ活用できます。
餃子の皮を巻いて揚げた海老や冷や奴、
かぶの和えものなど、箸休めがあるだけで
お鍋も最後まで飽きずに食べられます。

焼き方のポイントは、餃子を並べてから熱湯を注ぐこと

焼き餃子

▶材料（30個分）

豚ひき肉…200g
白菜…¼株
にら…1束
塩…小さじ1
A
サラダ油…大さじ1
胡麻油…大さじ1
長ねぎ（みじん切り）…½本分
B
顆粒鶏ガラスープの素…小さじ2
醤油…大さじ1
砂糖…小さじ1
生姜の搾り汁…大さじ1
塩、胡椒…各少々
餃子の皮…30枚

▶作り方

1. 白菜は芯を取って、粗みじん切りにする（フードプロセッサーにかけても）。塩をふって混ぜ、しんなりしたら水けを絞る。にらは5㎜幅に切る。
2. ボウルに豚ひき肉と**A**を入れて粘りが出るまでよく混ぜてから、**B**も加えて混ぜ、**1**と長ねぎを加え、さらによく混ぜてたねを作る。冷蔵庫で30分ほど休ませると包みやすくなる。
3. 餃子の皮に**2**を大さじ1程度のせて、端からひだを寄せて包む（皮がくっつきにくい場合は、水と片栗粉〈各分量外〉を同量で混ぜたのりをつけて包む）。
4. フッ素樹脂加工のフライパンにサラダ油大さじ1（分量外）を引き、餃子を並べる。火をつけてから熱湯を1カップ注いでふたをし、強火で蒸し焼きにする。
5. 水けがほとんどなくなったら、ふたを取り、サラダ油小さじ2（分量外）を回しかけて香ばしい焼き色をつける。皿を逆さにしてフライパンにのせ、裏返して取り出す。酢醤油とラー油（各分量外）、酢と胡椒（各分量外）などを添える。

我が家の定番、中華風マリネ

蒸しなす

▶材料（2〜3人分）
なす…3〜4個
塩…少々

A
- 醤油…大さじ1½
- 酢…大さじ1
- 砂糖…小さじ½
- 生姜の搾り汁…大さじ1
- 胡麻油…大さじ1

パクチー…適量

▶作り方

1. なすはへたを切り落とし、縦半分に切ってさっと水に浸し、蒸気の上がった蒸し器に切り口を下にして並べ、強火で10分ほど蒸す。蒸し上がったなすの切り口に軽く塩をふり、縦半分に切る。
2. バットに**A**を合わせ、**1**のなすの切り口を下にして15分以上浸け、器に盛ったら、パクチーをのせる。

餃子に全精力を注いで、
あとはさっぱりカンタンひと皿

クレソンとしらすのサラダ

▶材料（3〜4人分）
クレソン…2束
しらす…80g
胡麻油…小さじ2
塩…少々
白炒り胡麻…適量

▶作り方
1. クレソンは葉と茎に分け、葉はつみ、茎は1cmの長さに切る。
2. ボウルに**1**としらすを入れて、胡麻油で軽く和えてから塩をふり、さらに和える。
3. 器に盛り、白胡麻をふる。

茹で卵を崩して
混ぜて食べるのが我が家流

ポテトサラダ茹で卵のせ

▶材料（2人分）
じゃがいも…2個
玉ねぎ…¼個
きゅうり…½本
マヨネーズ…50g
牛乳…大さじ1½
塩、胡椒…各少々
卵…2個

▶作り方
1. じゃがいもは串がすっと通るまで蒸すか茹でる。卵は沸騰した湯に入れて7分茹で、水にとり、殻をむく。
2. 玉ねぎは縦に薄切りにする。きゅうりは薄い輪切りにする。玉ねぎときゅうりをボウルに入れて、塩（分量外）をふり、水けが出たらペーパータオルでくるんで水けを軽く絞る。
3. じゃがいもは熱いうちに皮をむき、ボウルに入れてつぶし、**2**を加え、マヨネーズと牛乳を加えて混ぜ、塩、胡椒で味を調える。器にポテトサラダを盛りつけ、半分に切った茹で卵をのせる。卵を崩しながら食べる。

火を止めた後に、レタスをin！
シャキシャキを楽しんで

鮭とレタスのチャーハン

▶材料（4人分）
温かいごはん…茶碗4杯分
卵…4個
鮭フレーク…60g
レタス…½個
長ねぎ（みじん切り）…1本分
顆粒鶏ガラスープの素…小さじ2
塩…小さじ1
胡椒…少々
醤油…小さじ4

▶作り方
1. レタスは1.5㎝幅に切る。
2. 中華鍋を熱して、サラダ油（分量外）をなじませ、卵を溶いて流し入れ、半熟状になるまでふんわりと炒める。
3. **2**のフライパンに温かいごはんを入れて鍋肌に広げ、ごはんと卵を混ぜながら炒め合わせる。鮭フレークを加えて炒め、鶏ガラスープの素と塩、胡椒で味をつける、醤油を鍋肌から回し入れてさらに炒める。
4. 長ねぎを加えて、さっと炒め合わせ、火を止めてから仕上げにレタスを加える。

面倒だったら、
湯むきしなくても大丈夫

トマトときぬさやのスープ

▶材料（3〜4人分）
トマト…1個
きぬさや…10枚
水…400㎖
A 顆粒鶏ガラスープの素…小さじ2
　塩…小さじ½
　砂糖…少々
　胡椒…少々
胡麻油…少々

▶作り方
1. トマトは湯むきしてひと口大に切る。きぬさやは筋を取って冷水に浸してパリッとさせる。
2. 鍋に水を入れて沸かし、**A**で調味し、**1**を入れてひと煮立ちさせ、胡麻油をたらす。

>> p62-65で、『中華居酒屋風』

ビールが美味しく感じられる季節になってくると、焼き餃子を作りたくなります。
餃子は皮の美味しさで味が決まると思うので、
鎌倉にある邦栄堂製麺の皮を取り寄せて、いそいそと作ります。
ここの餃子の皮は、手作りなのでとてものびがよくて包みやすい。
そして、焼くとモチモチとして本当に美味しいのです。
定番の酢醤油＋ラー油はもちろん、酢と胡椒でさっぱりと食べるのもおすすめです。
そこに添えるのは中華風居酒屋をイメージして、
クレソンのサラダや、蒸しなすにマヨ味のポテトサラダを。
締めには、鮭フレークでコクを出し、レタスのシャキシャキの歯触りで
爽やかに仕上げたチャーハンを、トマトのスープと一緒に出すことが多いです。

column

鎌倉駅から逗子に抜ける街道沿いにひっそりと佇むのが、邦栄堂製麺。作業場を兼ねた店舗では製麺機や麺を収めた木箱が並びます。いまだに手作りしている餃子の皮は大と小の2サイズ。大だと具がたっぷり入り、小は可愛いサイズでいくらでも食べられます。作る手間を惜しんで大を使うことが多いです（笑）。ちなみに写真は大を使用。

1_ろく助の塩

ほたて貝や昆布、干し椎茸などの天然素材を使った、旨みたっぷりの塩。これで塩むすびを作ると最高。シンプルに塩味を生かした料理のときに大切に使っている。胡麻油との相性も抜群。(東洋食品株式会社)

2_馬路村のぽん酢しょうゆ ゆずの村

柚子の産地で販売しているこのぽん酢は、酸味がきつくなく、ほんのりほどよい甘さなので、しゃぶしゃぶや水炊きなどのつけだれにするのはもちろん、サラダのドレッシングなどどんな料理にも使えるのが魅力。(馬路村農業協同組合)

3_九鬼の太白純正胡麻油

香ばしい風味が特徴の茶色の胡麻油とは違い無味無臭の胡麻油。クセがなくまろやかな味わいなので、サラダ油の代わりに、サラダに、和えものに、炒めものにとどんどん使っている。(九鬼産業株式会社)

4_花錦戸のまつのはこんぶ

松葉のように細切りにした昆布をすっぽんエキスを使って仕上げた塩吹き昆布。ごはんのおともに、旨みを加える調味料にと重宝する一品。白身魚の刺身と和えれば即席の昆布締めが完成。サラダや和えものも抜群。(花錦戸)

5_村山造酢の千鳥酢

江戸時代から続く京都の老舗造酢元が造る米と酒粕から仕込んだ米酢。まろやかな酸味と香りのよさが特徴で、酢のものなどに使うと上品な仕上がりになるのがうれしい。多くの料亭や寿司店で使われているのも納得。(村山造酢株式会社)

6_鎌田のだし醤油

醤油の名産地讃岐の本醸造醤油にさば節やかつお節、昆布のいちばんだしをブレンドした風味豊かなだし入り醤油。和えものやおひたし、鯛茶漬けの素などには欠かせないものになっている。(鎌田商事株式会社)

7_ベストフーズのリアルマヨネーズ
アメリカ製ならではの酸味がおだやかでほんのり甘味のあるマヨネーズ。プレートランチに添えるマカロニサラダはこれを使うだけで本場の味に仕上がる。ほかにもサンドイッチなどにもぴったり。(Best Foods)

8_バランスのフィッシュソース
ナンプラーと呼ばれるエスニック料理に欠かせないイワシなどの魚介から作る魚醤。独特の旨みが特徴で、醤油のように炒めものや煮込み、レモンと合わせてドレッシングに使うとぐんと味に深みが出て本格的になる。(アライドコーポレーション)

9_マイユの種入りマスタード
マスタードの種を白ワインやビネガーに漬けこんでいるので香りがよく、独特のプチッとした食感が特徴。そのままソーセージや焼いた肉や魚に添えるだけでなく、ドレッシングに入れると風味がよい。(エスビー食品株式会社)

10_アルドイーノのエキストラバージンオリーブオイル
オリーブの産地リグーリアで作られるオリーブオイルで、風味豊かでありながらクセがないのでどんな料理に使っても美味しく仕上がる。上質なのに値段とのバランスもよいので、惜しみなく使えるのがうれしい。(フードライナー)

11_アルチェネロの有機ホワイトバルサミコビネガー
普通のバルサミコよりも爽やかな酸味と甘さで桃の冷製パスタやフルーツと合わせると抜群に美味しい。高価な熟成タイプよりも、手軽に買える価格で軽やかさと酸味がほどよくあるこちらが使い勝手がいいと思う。(アルチェネロ)

12_APOCのクレオールスパイスミックス
南青山にあるパンケーキ専門店APOCで作られるカイエンペッパーにゲランドの塩、さまざまなハーブをミックスしたエキゾチックなスパイス。西洋版の七味感覚で愛用している。パンケーキと合わせて、甘じょっぱい味を楽しむのもおすすめ。(APOC)

13_コスモの直火焼カレー・ルー
我が家のカレー作りに欠かせないのがこれ。市販のものにありがちな脂臭さがなく、香ばしくスパイスの香りもフレッシュ。フレーク状になっているので溶かしやすく、量が調節できるのもいい。辛さは中辛を愛用。(コスモ食品)

COLUMN
ごはん作りを助ける〝調味料〟

我が家のごはんの味の決め手にすらなっている常にストックしているお気に入りの調味料たち。

P68-69の調味料はすべて私物です。
P127にショップリストを掲載。
ただし、パッケージなどは変更されている場合があります。

トッポギとじゃがいも入りだから、鍋だけでも十分満足

タッカンマリ

▶材料（3〜4人分）

鶏骨つきぶつ切り…1kg
玉ねぎ…1個
長ねぎ…2本
じゃがいも（メークイン）
…2個
にんにく…3かけ
生姜（スライス）…3枚
トッポギ…1袋
酒…100mℓ
塩…適量

タレ
粉唐辛子…大さじ2
熱湯…200mℓ
醤油…大さじ3⅓
砂糖…小さじ2
酢…大さじ3⅓
胡麻油…大さじ1
にんにく（すりおろす）…小さじ1
玉ねぎ（薄切り）…½個
にら（5mm幅切り）
…3〜4本分

▶作り方

1. 鍋に鶏肉、皮をむいた丸ごとの玉ねぎ、長ねぎの青い部分2本分、にんにく、生姜、酒を入れ、ひたひたになるまで水（分量外）を注いで火にかけ、沸騰させてから弱火にして15分煮る。鶏肉以外のものは取り除く。
2. じゃがいもは皮をむいて2cm幅の輪切りにして水にさらす。長ねぎの白い部分はトッポギの長さ（4cm）に切る。
3. 鍋に**1**の鶏肉入りスープ、**2**のじゃがいもと長ねぎの白い部分、トッポギを入れてじゃがいもがやわらかくなるまで煮る。最後に塩で味を調える。
4. 粉唐辛子を熱湯で溶き、醤油、砂糖、酢、胡麻油、おろしにんにくを合わせてタレを作る。取り分けの器にタレと、玉ねぎの薄切り、にらを入れる。

小さく何枚も焼けば、カンタンにカリッと仕上がる

海鮮チヂミ

▶材料（3〜4人分）

生地

- 薄力粉…90g
- 片栗粉…45g
- 水…120mℓ
- 卵…1個
- 顆粒だしの素…小さじ1
- 塩…小さじ½
- サラダ油…小さじ1

むき海老…60g

イカ…80g

アサリのむき身…50g

小ねぎ…½束

にら…½束

玉ねぎ…¼個

タレ

- 醤油…大さじ2
- コチュジャン…大さじ2
- 酢…大さじ2
- 砂糖…小さじ2
- 胡麻油…大さじ1
- すり胡麻…大さじ2

▶作り方

1. 生地を作る。ボウルに薄力粉、片栗粉、水、卵、顆粒だしの素、塩、サラダ油を入れてよく混ぜ、冷蔵庫で30〜60分休ませる。
2. 玉ねぎは粗みじん切り、小ねぎとにらは1㎝幅に切る。海老、イカ、アサリは8㎜角程度に刻む。
3. 休ませた生地に**2**を加えてざっと混ぜる。
4. フライパンにサラダ油と胡麻油（各大さじ1、分量外）を熱し、生地を大さじ2程度ずつ薄く広げ、こんがりと焼き色がつくまで3〜4分焼いて裏返し、鍋肌から胡麻油（小さじ1、分量外）を回し入れ、さらに2〜3分焼く。器に積み上げるように盛り、タレの材料をすべて混ぜて添える。

イカや焼いた豚肉と和えても美味しいドレッシング

タコの韓国風サラダ

▶材料（3〜4人分）

茹でダコの足（大きいもの）…1本

春菊…1束

糸唐辛子…適量※省略可

ドレッシング

- コチュジャン…大さじ1
- 醤油…大さじ1
- 酢…大さじ1
- 砂糖…小さじ1
- 胡麻油…大さじ2

▶作り方

1. 春菊は洗って葉をつみ、茎は斜め薄切りにして冷蔵庫で冷やしておく。
2. ボウルにドレッシングの材料を合わせ、そぎ切りにしたタコを和える。
3. 器に春菊を盛りつけ、**2**のタコを中央にのせ、糸唐辛子を飾る。食べるときに全体をよく和える。

味が絡みやすい＆味が落ちない！　ぜひ、手でちぎって

水なすのナムル

▶材料（3〜4人分）

水なす…2個
大葉…5枚
塩…小さじ1
昆布茶…小さじ1
胡麻油…大さじ2
白すり胡麻…大さじ3
すだち（またはレモン）の搾り汁
…大さじ1

▶作り方

1. 水なすはへたを切り落とし、包丁で切り目を入れて手で縦四つ割りにしてからひと口大にちぎる。
2. ボウルにちぎった水なすを入れ、胡麻油、塩、昆布茶、すだちの搾り汁、ちぎった大葉、すり胡麻を入れて手でもむようにして和える。

column

じっくりとスープを煮込んで作るのは手間もかかるうえ、夏場は大変なので、もっぱら五反田にある鶏肉専門店「信濃屋」の信濃屋だしと呼ばれる鶏がらスープを愛用しています。さばきたての新鮮な鶏肉とともに購入すればあっという間に美味しい鍋が完成。手作りつくね用ひき肉や焼き鳥やから揚げなども絶品。一緒に購入するのがおすすめ。近くには鶏だしスープの専門店も。

>> p70-73で、『夏に食べたい韓国鍋』

暑い夏のあいだ、冷たいもののとりすぎや、
冷房で体も胃袋もお疲れ気味。
そんなときには、じんわり優しい旨みの韓国版の鶏の水炊きともいえる
タッカンマリで体を温めながらスタミナ補給します。
骨つきの鶏肉を香味野菜でじっくり煮込んだスープが本当に美味しい。
シャキシャキの玉ねぎとにら入りのタレで
食べればいくらでも食が進みそう。
鍋のお供は一枚ずつ焼く海鮮チヂミ。
大きな一枚をカリッと焼くのは意外に難しく、
我が家では一枚を小さくして焼きます。
各々好きな枚数を食べられるので、家族にも好評です。
あとは水茄子のナムルとタコのサラダでさっぱりと。
暑い日にはパンチがありつつ体にも優しい
韓国風の献立が元気をくれます。

耳なしサンドイッチ用か、8枚切りがベスト

揚げ海老パン

▶材料（4人分）

食パン（サンドイッチ用）…8枚
むき海老…300g
豚ひき肉…100g
にんにく（みじん切り）…小さじ2
玉ねぎ（みじん切り）…大さじ2
パクチー…4本
片栗粉…大さじ2
塩…小さじ1
胡椒…少々
卵…1〜2個
揚げ油…適量
つけダレ
　スイートチリソース…大さじ3
　水…大さじ1

▶作り方

1. 海老は包丁で細かく刻み、粗いペースト状になるまでたたく。パクチーの葉をつみ、茎はみじん切りにする。
2. ボウルに**1**の海老とパクチーの茎、豚ひき肉、にんにく、玉ねぎ、片栗粉、塩、胡椒を入れてよく混ぜる。食パンは耳を落として三角に半分に切る。
3. 食パンに**2**のペーストを大さじ1ほど、中央が高くなるように塗り、パクチーの葉をのせる。
4. **3**のペースト面を溶いた卵にさっと浸し、160〜170℃に熱した揚げ油にペースト面を下にして入れ、途中で裏返して両面がきつね色になるまで揚げる。器に盛り、合わせたつけダレを添える。

鷹の爪をフライパンで煎って、
辛さを増しても！

ヤムウンセン

▶材料（4人分）

緑豆春雨…50g
豚ひき肉…50g
水…100mℓ
無頭海老
（ブラックタイガーなど）
…8尾
きくらげ（乾燥）…6枚
セロリ…細$\frac{1}{2}$本
パプリカ…$\frac{1}{4}$個
紫玉ねぎ…$\frac{1}{4}$個
小ねぎ…2本
パクチー…2本
調味料
レモン汁…大さじ$2\frac{1}{2}$
ナンプラー…大さじ2
砂糖…大さじ1
赤唐辛子（種を取って粗く刻む）…2本分

▶作り方

1. 春雨、きくらげは水に浸けてもどし、食べやすい大きさに切る。
2. 海老は殻をむき、背わたを取って背側に深く切り目を入れる。
3. 紫玉ねぎは縦薄切り、セロリの葉と茎はざく切り、パプリカは種を取って千切りに、小ねぎは3㎝の長さに切り、すべてをボウルに入れて水にさらし、パリッとしたらざるに上げて水けをきっておく。
4. ボウルに調味料を合わせておく。
5. フライパンに水と豚ひき肉を入れてほぐし、火にかけて色が変わるまで菜箸で混ぜながら炒める。春雨、きくらげ、海老を入れて炒め煮にする。
6. **4**のボウルに**5**と**3**の野菜を入れて全体をよく和える。器に盛り、パクチーを飾る。

空芯菜は、水に浸してから炒めて、
葉をシャキッとさせて

空芯菜炒め

▶材料（4人分）

空芯菜…120g
にんにく…1かけ
パプリカ…$\frac{1}{4}$個
赤唐辛子…1〜2本
A
オイスターソース…小さじ2
ナンプラー…小さじ1
醤油…小さじ1
水…大さじ1
砂糖…少々
サラダ油…大さじ2

▶作り方

1. 空芯菜は水に浸してパリッとさせてから、4〜5㎝の長さに切る。にんにくは包丁でつぶしてから粗みじん切りにする。パプリカは種を取って細切りに、赤唐辛子は種を取ってちぎる。
2. **A**は合わせておく。
3. フライパンにサラダ油とにんにく、赤唐辛子を入れて熱し、香りが立ったら、空芯菜とパプリカ、**A**を入れて一気に炒める。

下味はナンプラーが決め手

豚肉のから揚げ

▶材料（4人分）

豚ロース肉（とんかつ用）…2枚

A
- ナンプラー…小さじ2
- 砂糖…小さじ2
- 塩…小さじ½
- にんにく（すりおろす）…1かけ分

卵…1個

片栗粉…大さじ2

揚げ油…適量

グリーンリーフ
（サニーレタスでも）…2枚

レモン…¼個

パクチー…適量※省略可

▶作り方

1. 豚ロース肉は筋切りをして、**A**を両面にすり込み、しばらくおいてから溶いた卵と片栗粉をからめる。
2. 揚げ油を160〜170℃に熱し、**1**を入れて両面がきつね色になるまでカラッと揚げる。
3. 食べやすく切って、グリーンリーフを敷いた器に盛り、レモン、パクチー、塩、胡椒（各分量外）を添える。

「AYAM」のカレーペーストを使用

具だくさんグリーンカレー

▶材料（4人分）

グリーンカレーペースト（AYAM（日仏貿易）のものを使用）…80g
ナンプラー…大さじ3
ココナッツミルク…1缶（400g）
砂糖…大さじ2
サラダ油…大さじ2
水…300mℓ
鶏もも肉（皮なし）…300g
なす…3個
たけのこ…小1本
しめじ…1株（100g）
パプリカ…½個
ピーマン…2個
ジャスミンライス…300g
水…360mℓ

▶作り方

1. 鶏もも肉はひと口大に、なすは皮をむいてひと口大に、たけのこはくし形に、パプリカとピーマンは種を取って、太めの細切りにする。しめじは石づきを切って小房に分ける。ジャスミンライスはさっと研いで、分量の水で炊く。
2. 鍋にサラダ油を入れ、グリーンカレーペーストを弱火で香りが立つまで炒め、ココナッツミルクを大さじ1ずつ、3回に分けて加えながら炒める。
3. 鶏もも肉を入れて炒め合わせ、肉の色が変わったらなすも加える。
4. ココナッツミルクの残りと水を加えて沸騰させ、たけのこ、しめじ、パプリカを加え、野菜類がやわらかくなるまで中火で煮る。
5. 砂糖とナンプラーで味を調え、ピーマンを加えてさっと煮る。器にジャスミンライスを盛り、グリーンカレーをかけていただく。

>> p76-79で、『タイの家庭料理店風』

暑くなってくるとスパイシーなものを食べたくなりますよね。
そんなときはタイ料理を作ります。市販のグリーンカレーペーストと
ココナッツミルクがあれば、具材を切って煮込むだけの簡単にできるグリーンカレー。
もりもりと具だくさんにするのが我が家風。
カレーの前には、ビールに合うおつまみをちょこちょこと。
揚げ海老パンは、たたいた海老だけでなく豚ひき肉を加えることで
口当たりやわらかく、旨みもアップします。
タイ料理は、中途半端ではなく、思い切って(!)辛くするのが、美味しくなるコツ。
空芯菜炒めや、豚肉のから揚げも加えてエスニックナイトを楽しんでいます。

マンゴーのほか、好きな果物でも

ココナッツミルクゼリー

▶材料(3〜4人分)

板ゼラチン…15g
水…50mℓ
砂糖…40g
ココナッツミルク
…1缶(400g)
牛乳…300mℓ

シロップ
水…400mℓ
砂糖…100g
レモン汁…大さじ2
マンゴー…2〜3個
ミントの葉…適量

▶作り方

1. 板ゼラチンは水(分量外)でふやかしておく。
2. 水とふやかしたゼラチン、砂糖を鍋に入れて火にかけて煮溶かし、牛乳とココナッツミルクを加えて泡立て器でなめらかになるように混ぜて火からおろす。ざるで濾して器に流し入れ、常温に冷ましてからひと混ぜして、冷蔵庫で冷やし固める。
3. ゼリーを冷やしている間に、シロップを作る。鍋に水と砂糖を入れて火にかけ、砂糖を煮溶かす。冷たく冷やしてレモン汁を加える。
4. シロップを注ぎマンゴーをのせてミントの葉を添える。

＼デザートをプラス／

辛酸っぱいが、暑い夏にぴったり

セビーチェ

▶材料（2〜3人分）
鯛（刺身用）…1さく
紫玉ねぎ…½個
トマト…1個
アボカド…1個
パクチー…2〜3本
レモン汁…½個分
ライム汁…½個分
にんにく（すりおろし）…½かけ分
タバスコ…小さじ1〜2
塩…小さじ1
胡椒…少々

▶作り方

1. 紫玉ねぎは薄切りにし、冷水にさらして水けをきる。トマトはくし形に切り、アボカドは半分に切って皮と種を取り、ひと口大に切る。パクチーはざく切りにする。
2. ボウルにレモン汁、ライム汁、にんにく、タバスコ、塩、胡椒を入れ、そぎ切りにした鯛を加えて軽く混ぜる。
3. 鯛が白くなってきたら、紫玉ねぎ、トマト、アボカド、パクチーの順に加えて和え、器に盛る。

見た目が可愛いのも
食卓を彩るポイントです

グリルドコーン

▶材料（2〜3人分）
とうもろこし…2〜3本
マヨネーズ…大さじ2〜3
粉チーズ…大さじ4〜5
チリパウダー…適量
ライム…適量
塩…適量

▶作り方

1. とうもろこしは皮つきのまま塩茹でにし、皮をむく。
2. とうもろこしの表面にマヨネーズを塗り、直火で香ばしく焼き目をつける。
3. 粉チーズを全体にまぶし、チリパウダーをふり、好みでライムを搾る。

※仕上げは、APOCのクレオールスパイスミックス（p69）がおすすめ！

チミチュリソースで、
がっつりお肉もさっぱり後味に

牛肉のグリル チミチュリソース添え

▶材料（2〜3人分）
牛肉（ステーキ用）…2枚（120〜150g）
塩、胡椒…各適量
チミチュリソース
　パセリ…3〜4本
　パクチー…1束
　紫玉ねぎ…¼個
　にんにく…½かけ
　白ワインビネガー…大さじ1
　オリーブオイル…大さじ3
　塩…小さじ1
　胡椒…少々

▶作り方

1. チミチュリソースの野菜をすべてみじん切りにしてボウルに入れ、調味料を加えて混ぜる。
2. 牛ステーキ肉は大きめのひと口大に切り、塩・胡椒をして好みの焼き加減に焼いて串に刺し、チミチュリソースを添える。

サルサとワカモーレをのせてシメの一品に

タコライス

▶材料（2〜3人分）
合びき肉…200g
玉ねぎ（みじん切り）…1個分
にんにく（みじん切り）…1かけ分
タコミックスシーズニングスパイス…1袋（30g）
トマト…1個
レタス…3〜4枚
アボカド…1個
シュレッドチーズ…適量
トルティーヤチップス…適量
温かいごはん…茶碗2杯分

▶作り方

1. フライパンにオリーブオイル大さじ1（分量外）を入れ、玉ねぎとにんにくをしんなりするまで炒め、合びき肉を加えて火が通ってポロポロになるまで炒めたところに、タコミックススパイスを加えて汁けがなくなるまで炒める。味をみて塩、胡椒（各分量外）で味を調える。
2. トマトは1cm角に切り、レタスは細切りに、アボカドは皮と種を取り除き、1cm角に切る。
3. 器にごはんを盛り、レタスを敷いた上に**1**のタコミートをかけ、トマト、アボカドをのせ、チーズと砕いたトルティーヤチップスを散らす。トマトの代わりにサルサを、アボカドの代わりにワカモーレを使ってもよい。

サルサ

▶材料（2〜3人分）と作り方
トマト（大1個）は1cm角に切り、**紫玉ねぎ、パプリカ（各$\frac{1}{4}$個）、ピーマン（1個）、パクチー（適量）、青唐辛子（$\frac{1}{2}$〜1本）、にんにく（$\frac{1}{2}$かけ分）**はみじん切りにする。ボウルにすべての材料を入れ、**タバスコ、ライム汁、塩、胡椒（各適量）**を加えて冷蔵庫で30分ほどなじませる。

ワカモーレ

▶材料（2〜3人分）と作り方
アボカド（1個）の皮と種を取り除き、ボウルに入れ、**ライム汁（小さじ1）**をふりかける。アボカドをフォークなどでつぶし、**サルサ（水けをきって$\frac{1}{2}$カップ）**を加えて混ぜ、**塩、胡椒（各適量）**で味を調えて冷蔵庫でよく冷やす。好みで、サワークリームをのせても。

ライムを使っても！　夏の暑い日は欠かせません

ノンアルコールモヒート

▶材料（1人分）
レモン汁…大さじ3
アガベシロップ（ガムシロップ）
…大さじ3
炭酸水…200mℓ
ミントの葉…適量

▶作り方
1. レモン汁と、アガベシロップを混ぜ合わせる。グラスに注ぎ、炭酸水を注いで軽く混ぜてミントの葉を加える。

>> p82-85で、『おつまみエスニック風』

外で過ごすのが気持ちよい季節は、旦那さんが作った
屋上のウッドデッキで過ごすことが多くなります。
日暮れ前からエスニックなおつまみを作って、
モヒートやビールで乾杯。
ライムとタバスコで白身魚をマリネしたセビーチェに、
ワカモーレやサルサをトルティーヤチップスと、
チミチュリソースは焼いたお肉と。
グリルドコーンは香ばしい焼き目にチーズをたっぷり。
小さめのコーンならひとり1本ずつ！
仕上げのチーズとチリパウダーはたっぷりと。
締めのタコライスは、材料さえ用意しておけば
さっと作れるのでおすすめです。

揚げ焼きしてからバターにからめて

ガーリックシュリンプ

▶材料（3〜4人分）

無頭海老（ブラックタイガーなど）
…12尾

A
- にんにく（すりおろす）…1かけ分
- 生姜（すりおろす）…1かけ分
- ココナッツミルク…½カップ
- 酒…大さじ2
- 塩…小さじ1
- 胡椒…適量

サラダ油…適量

バター…50g

にんにく（みじん切り）…2かけ分

生姜（みじん切り）…1かけ分

▶作り方

1. 海老は塩（分量外）をまぶして洗い、水けを拭いて、背中側に切り目を入れ、背わたを取る。
2. ボウルに海老を入れ、**A**をまぶして冷蔵庫で1〜2時間なじませる。サラダ油をフライパンの底から2㎝ほどの深さまで入れ、海老を揚げ焼きにする。
3. 別のフライパンにバターを溶かし、みじん切りにしたにんにくと生姜を炒め、そこに**2**の海老を加えて炒め合わせる。器に盛る。

和えるだけの、
ハワイの定番つまみ

アヒポケ

▶材料（3〜4人分）
マグロ赤身（刺身用）…1さく
アボカド…1個
玉ねぎ…¼個
塩…小さじ½
醤油…小さじ2
胡麻油…大さじ1

▶作り方
1. マグロは2cm角に切る。アボカドは種と皮を取り除いて2cm角に切る。玉ねぎはみじん切りにして水にさらし、固く水けを絞る。
2. ボウルにすべての材料を入れてよく和える。

甘めに仕上げるのがアメリカン！
ヨーグルトを入れてさっぱり

マカロニサラダ

▶材料（3〜4人分）
マカロニ…100g
玉ねぎ…½個
砂糖…小さじ2
マヨネーズ…大さじ3
プレーンヨーグルト（無糖）…小さじ2
塩、胡椒…各少々

▶作り方
1. 鍋に湯を沸かして、塩大さじ1（分量外）を加えてマカロニを袋の表示どおりに茹でる。ざるに上げて水にくぐらせてから水けをよくきる。
2. 玉ねぎはみじん切りにして塩小さじ1（分量外）をふって混ぜ、さっと水にさらしてペーパータオルでしっかりと水けを絞る。ボウルにすべての材料を入れてよく和える。

モチ粉の衣は、
小麦粉よりもパリッと仕上がります

モチコチキン

▶材料（3〜4人分）

鶏もも肉…400g

A
- 醤油…大さじ1
- みりん…大さじ1
- 酒…大さじ1
- 生姜の搾り汁…1片分
- にんにく（すりおろす）…1片分

もち粉…1カップ弱

水…大さじ5

揚げ油…適量

▶作り方

1. 鶏もも肉は、余分な脂身を取り除いてひと口大に切り、**A**をもみこんでおく。
2. 揚げる直前に水で溶いたもち粉に鶏もも肉をからめて、170℃の揚げ油で香ばしく揚げる。

お肉は生姜醤油で
食べるのが好み

ハワイ風オックステールスープ

▶材料（3〜4人分）

オックステール…1kg

にんにく…2かけ

生姜…1かけ

長ねぎ（青い部分）…3本分

水…1,000mℓ

酒…100mℓ

塩…小さじ2

胡椒…少々

小ねぎ…適量

パクチー…適量

生姜醤油（醤油にすりおろした生姜を合わせたもの）…適量

▶作り方

1. テールは水に1時間ほど浸けて血抜きする。一度洗ってから圧力鍋に入れ、ひたひたに水を注いで、ふたをせずに沸騰させ、茹でこぼす。この作業を2回繰り返す。
2. きれいに水で洗ったテールを圧力鍋に入れて長ねぎの青い部分とにんにく、薄切りにした生姜を入れ、酒、水を注ぐ。
3. 圧力鍋のふたをして火にかけ、圧がかかったら弱火で圧をかけて、40〜50分煮る。火を止めて、そのまま冷めるまで自然放置する。
4. ふたを開け、表面の脂をすくい（完全に冷ましてから表面の脂を取り除いてもよい）、長ねぎとにんにく、生姜を取り除き、塩、胡椒で味を調える。食べる際は、温める。好みで、小ねぎ、パクチー、生姜醤油と合わせて食べる。

>> p88-90で、『ハワイのワンプレート風』

暖かくなってくると、軽やかなおつまみ系料理の多いハワイアンメニューを作りたくなります。代表的なのが、刺身用のマグロを醤油と胡麻油で和えたポケ。アボカドを合わせれば、色合いも食べごたえもアップ。

プレートランチでおなじみのガーリックシュリンプと、衣にもち粉を使ったモチコチキンは、どちらもタレに漬けておけばさっと仕上げられるので、意外にも簡単です。アイスクリームディッシャーで丸く形作ったごはんとアメリカのマヨネーズでちょっと甘めに仕上げた白いマカロニサラダを一緒に盛り合わせてワンプレートにすると〝ハワイっぽさ〟が倍増。

それぞれおつまみとしても活躍してくれるので、覚えておくと重宝します。

ariko的解決！
献立の悩み30問30答

Instagramで募った皆さんの「今日のごはんどうしよう？ と考えるときの悩み」を、
ariko流で回答していきます。毎日のごはん作りの参考になれば嬉しいです。

Question 1
ワンパターンの献立しか思い浮かびません。

毎回、「なんちゃって〇〇風」と、外食しに行く気分で考えると楽しく献立を考えられるようになります。また、自分の感覚に近い、料理家さんやレストランのSNSなどを見て、ヒントをもらうのもいいと思います。

Question 2
主菜に対してどんな副菜を作ったらいいか、いつも悩みます。

基本的に、メインの味つけに相反するものを副菜で作るようにしています。こってりな味つけがメインなら、さっぱりとしたもの。そのほか、甘い、しょっぱい、酸っぱい、辛い……。味の方向性が被らないようにしています。そして、食感が異なる料理を用意するように。トロッとした料理がメインなら、シャキシャキとしたサラダを。そのほか、定食屋さんの付け合わせをイメージして作るとあまり悩みません。

Question 3
あともう一品！ が、全然思い浮かびません。

1工程でできる「火を使わないレシピ」をストックしておくことをオススメ！　洋梨を切って、黒胡椒とパルメザンチーズをかけて塩をふっただけのサラダや、かぶに塩昆布をかけるだけでも。サラダも、オリーブオイルにするか、胡麻油にするか、そこにお酢を入れるか、塩だけにするか……それだけでもバリエーションが豊富に。冷や奴ひとつでも、醤油だけじゃなくて胡麻油と塩にしてみたり、明太子をのせてみたり。幅が広がります。

Question 4
子どもと大人両方が好きなものを、と考えるのが難しいです。

息子が幼かったときも、基本は旦那さんの好きなものに合わせて、子ども用・大人用と分けずに作っていました。両方作る余裕はありませんでしたし……。子ども用には、少しやわらかくしたり小さく刻んだりする程度。それが続いたことで、慣れてくれたのかもしれません。

Question 5
家族が揃わないときの夕飯の献立が難しいです。

食べる直前に味つけすればいい料理と、煮込み料理の組み合わせで乗り切っていました。葉物などは茹でておいて、食べる直前に和えれば水っぽくもなりません。

Question 6
食べたい！ と思ったレシピも、材料がいつも揃わず諦めてしまいます。

完璧なものを目指さなくていいと思います。例えば、ナンプラーはないけど、醤油でいいかな、とか。ワインビネガーがなくてもお酢で代用しよう！ など。案外使い回せるものです。ごはん作りって毎日のことなので、100点を目指す必要はありません。レシピ通りじゃないけど、やってみたら120点になった！ ということもあるので、ポジティブに試してみるといいかもしれません。

Question 7

**常備している
野菜類を教えてください。**

日持ちのするもので、和にも洋にも中華にも転ばせやすい、玉ねぎ、長ねぎ、小ねぎ、生姜、にんにく、きゅうり、トマト、キャベツ、にらは常備しています。

Question 8

**冷凍でストックしている
食材を教えてください。**

和えるだけで一品になる、明太子やしらす。スープや味噌汁、パスタソースなどに使える貝類（あさり、しじみ）。また、鶏スープ（信濃屋＋のもの）のストックも強い味方です。

Question 9

**何か作りたくても材料が足りない……
野菜ひとつで作れる料理が知りたいです。**

例えば、生の野菜に
・塩とオリーブオイル
・塩と胡麻油
・塩×レモン×オリーブオイル×パルメザンチーズ
・塩昆布
と、いずれかを組み合わせるだけで十分立派なひと皿になると思っています。切り方ひとつでも印象が変わります。

Question 10

**脱マンネリのための
arikoさん的工夫は？**

昨晩が和風なら今日は中華と、メイン料理のジャンル〈和、洋、中〉を続けない！　を課題にして、献立を被らないようにしています。Instagramや手書きのノートに献立を記しておくと、後で見返せて季節感や忘れていたレシピを思い出せるのでおすすめです。

Question 11

**家族の夕食の時間がばらばら。
遅くに帰宅する夫に出来立てを
食べさせてあげられないのが悩みです。**

出来立てを食べてほしい気持ち、わかります。私は、1工程手前、仕上げ作業だけはしないでおくようにしていました。例えば、ハンバーグなら、火入れまではしておいて、あとは焼きつけるだけ。和えものも味つけだけしないで茹でた状態でおいておくなど。

Question 12

麺が主役の日の副菜に悩みます。

麺は、つるっとした食感なので、シャキシャキとした箸休め的なものを用意することが多いです。麺が冷なら→温を、温なら→冷を、と逆の印象の料理を考えます。揚げものとの相性もいいですよね。パスタのときは、サラダを必ず添えます。それはトマトを切っただけでも十分だと思います。

Question 13

焼き魚が主役の日の副菜に悩みます。

同じように食感と味つけで考えます。焼き魚がメインのときは、さっぱり酸っぱいものをマストで用意。カリカリとした食感の酢蓮やかぶのピクルスなど。大根おろしにレモンも欠かせません。

Question 14

**作りたいと思うものが浮かばない
ときはどうしていますか？**

スーパーマーケットに行くと、季節の食材が並んでいるので、それらをテーマに献立を考えるようにしています。また、過去のSNSなどを見返して、ハワイに行きたいから、ガーリックシュリンプにしようかな！と思い出し作業をすることもあります。

Question 15

気がつくと、いつも
同じメニューになってしまいます……。

食べたい！ と思うものは作ったことがなくてもとりあえずトライするようにしています。また、同じ料理でも食材を変えるだけでもいいと思います。いつもはキャベツを使うところを、レタスにしてみたり……。その程度のアレンジでも気分は変わります。食材の火入れ具合さえ気をつければだいたい大丈夫ですよ。

Question 16

野菜をたっぷり食べたい！
でも、疲れていて料理をしたくない……
でも外に食べに行くのも嫌。
そんなときは何を作っていますか？

インスタントラーメンにたっぷりの野菜やトマト、卵などを入れて食べています。インスタント食品は、どっと疲れた日にだけ食べてよいものとマイルールにしていて、わたしにとっては最高の〝ご褒美飯〟なのです。

Question 17

副菜を２～３品も
作ることができません……。

例えば、明太子、しらす、塩昆布、チーズ、韓国海苔、梅干しなど。〝味の決め手になる具材〟を常備しておくと、和えるだけでも一品になるので、だいぶラクになります。

Question 18

味噌汁のマンネリ化の脱し方は？

我が家では、季節の野菜×玉ねぎ（or長ねぎ）の組み合わせが多いです。また、変わり種としては、油揚げの代わりに揚げ玉を入れたり。最後に、バターをのせたり。〝コク〟出しをすると、息子も喜んでくれていました。

Question 19

栄養面をどのくらい考えて
作っていますか？

栄養というよりも、バランスを第一に考えています。お肉を食べたら、野菜もたっぷり、と。基本、バランス良く食べることを重視しています。

Question 20

魚料理のバリエーションが
少なくて困っています。

グリルした魚（鯖やカジキマグロが便利）に何をプラスするか？　という考え方で作ると幅が広がりやすいです。スパイスをかけるだけ、マリネしたミニトマトを上からのせるだけなど。また、お刺身からアレンジできるカルパッチョやポケなども。そして干物も便利です。ほぐして、ごはんに混ぜたり、サラダに混ぜたりしています。

Question 21

arikoさんの息子さんが幼かった頃、
よく作っていた料理は何ですか？

息子は幼い頃から酸っぱいものが好きでした。白身魚の刺身や豚しゃぶにもポン酢をつけて……。割とシンプルな料理を好んでいた記憶があります。あとはやっぱり麺類。卵とじうどんや鰹の冷製パスタなどは、昔からずっと作っている我が家の定番です。

Question 22

肉・魚がない日のメインの
考え方を知りたいです。

パスタをメインにすることが多いです。ストックしているベーコンやツナなど、しっかりと味のついているものを使うと便利です。p108のツナのレモンパスタなど。もしくは、ごはんをメインにしますね。目玉焼き丼にしたり、チャーハンにしたり。その場合は、卵に頼ります。

Question 23

冷蔵庫にひき肉しかない！
そんなときどうしますか？

餃子や麻婆豆腐、ハンバーグ、ミートソース、ひき肉を使った料理はいろいろありますが、例えば、炒めてサラダに和える。ひき肉を〝ホットドレッシング〟にするのもオススメです。

Question 24

スーパーマーケットでの買い出し、
何を買えばいいかわかりません……。

旬の野菜を1つ見つけて、それを主役にした料理を、と、考えるだけでも買うものが見つかってきます。筍なら、筍ご飯に。なすがたくさん出てきたなあと思ったらラタトゥイユ、麻婆茄子にしようかな……など。

Question 25

食材同士の組み合わせが
思いつきません。

毎日のことですから、さまざまな食材を使わなくても、1素材1皿でもいいと思っています。例えば、p6のガリバタチキン、p15の里芋のみたらし、p53のレタスの湯引きなど。

Question 26

新しい料理を作りたくても、
家族からはオーソドックスなごはんが
いいと言われてしまいます。
自分的にはマンネリ化した料理がつらい。
どうしたら良いでしょうか？

レシピを参考にしつつ、家族みんなで食べられる味にアレンジすることが多いですね。例えば、レシピ通りだとナンプラーにレモングラスに……それは難しい。となったら、ナンプラーだけ入れてみたり。それだけでも、〝いつもと違うけど美味しいね〟となります。もちろん、レシピ通りに作ることも大事ですが、あくまでヒントに。まずは家族にとっての美味しいを目指すことが大切だと思っています。

Question 27

冷蔵庫の余った食材で何か作ると、
和食・中華・洋食と
ごちゃ混ぜになってしまいます。

居酒屋って、ノンジャンルですよね！ お刺身にグラタン、春雨サラダが並んだテーブルも居酒屋なら当たり前の光景。今日は居酒屋開店！ と、ジャンルの横断を気にせず作る日があってもいいと思います。楽しいですよ。

Question 28

そもそも一週間の献立を
考えるのがしんどいです。
どうやって考えていますか？

一週間をコーディネイトするとは考えずに、昨日とは違うものを作る、とだけ考えるとラクになるかもしれません。また、昨日と同じ素材であっても、違う味にすればいいだけです。鶏もも肉や、豚肩ロース肉など、刻んでもいいし、塊でも使える肉類を買っておくとアレンジしやすいです。

Question 29

味つけのバリエーションが増えません。

自分流でいいので新しい〝さしすせそ〟を用意しておくといいかもしれません。醤油の代わりのナンプラー、魚醤。お酢の代わりのワインビネガー・黒酢・バルサミコ酢。八丁味噌・甜麺醤、パルメザンチーズやレモン汁も調味料として使えます。

Question 30

刻んだり、おろしたりと手間を
かけたくないときはどうしたら……？

回答になっていませんが（笑）、よく切れる包丁を用意するだけで、刻んだりするのが嫌にならなくなりました！ もしくは、1カットで終わる、水菜やほうれん草、えのき茸などを多用した鍋（p58）などはやはりラクで野菜をたくさん摂れるので便利です。

にんじんピラフ

豚肉とキャベツのマスタード煮込み

「マイユ」のマスタードを使うのがariko的お約束

豚肉とキャベツのマスタード煮込み

▶材料(4人分)

豚肩ロースブロック肉
　(紐をかける)…600g
塩…小さじ2
胡椒…少々
キャベツ…⅔個(600g)
玉ねぎ…1個
にんにく…2かけ
マッシュルーム…15個
フレンチマスタード…120g
顆粒コンソメスープの素…小さじ1
ローリエ…2枚
オリーブオイル…大さじ2

▶作り方

1. 豚肉は塩、胡椒をすりこんで20〜30分室温におく。
2. キャベツは6等分のくし形に切る。玉ねぎは縦半分に切ってから薄切り、にんにくは芯を取って薄切り、マッシュルームは縦半分に切る。
3. フライパンにオリーブオイル大さじ1を中火で熱し、豚肉を入れてこんがり焼き色をつけて取り出す。
4. 厚手の鍋(直径22〜24cm)にオリーブオイル大さじ1を中火で熱し、玉ねぎとにんにくを加えてしんなりするまで炒める。水2カップ(分量外)、マスタード、コンソメを加えて混ぜ、中央に焼いた豚肉を置き、まわりにキャベツを芯を下にして押し込む。ローリエをのせてふたをし、弱火で30分煮る。
5. 肉をひっくり返し、オリーブオイル少々(分量外)でさっと炒めたマッシュルームを加えてふたをし、さらに20〜30分弱火で煮込む。

煮上がった豚肉の紐を外し、2cmの厚さに切る。食べるときに、器ににんじんピラフと、豚肉とキャベツのマスタード煮込みを盛り、煮汁をかける。

パラパラへの近道は、
お米の状態で炒めること

にんじんピラフ

▶材料（4人分）
にんじん…1本
玉ねぎ…½個
米…2合
水…360mℓ
塩…小さじ1
胡椒…少々
オリーブオイル…大さじ2

▶作り方
1. にんじん、玉ねぎは細かいみじん切りにする。米は洗ってざるに上げる。深めの鍋にオリーブオイル、にんじん、玉ねぎを入れてしんなりするまで炒めたら、米を加えて炒める。
2. にんじんと米がなじんだら塩、胡椒、水を加えて沸騰させ、蓋をして弱火で15分炊き、火を止めて10分蒸らす。

クランベリーの
酸味が決め手

ケールのサラダ

▶材料（4人分）
ベビーケール（もしくはサラダ用ケール）…1袋
カッテージチーズ…大さじ2〜3
ドライクランベリー…大さじ2
レモン汁…大さじ1
オリーブオイル…大さじ2
塩、胡椒…各少々

▶作り方
1. ケールを食べやすい大きさにちぎり、ボウルに入れる。レモン汁とオリーブオイルを回しかけ、塩、胡椒をして手でふんわり混ぜる。
2. 器に盛りつけ、カッテージチーズとクランベリーを散らす。

切って和えるだけの〝漬け〟感覚カルパッチョ

鯛のカルパッチョ コラトゥーラ風味

▶材料（4人分）

鯛（刺身用）…1さく
イクラ…大さじ1
紫玉ねぎ…½個
セルフィーユ…適量
コラトゥーラ
（なければナンプラーでも）
…大さじ1
オリーブオイル…大さじ1〜2
塩…少々
レモン…½個

▶作り方

1. 鯛は削ぎ切りにする。紫玉ねぎは薄切りにして水にさらし、水けをきっておく。
2. ボウルに鯛を入れ、コラトゥーラとオリーブオイルをかけて軽く混ぜ合わせる。
3. 器に鯛を敷き詰めて紫玉ねぎを散らし、イクラとセルフィーユを散らし、オリーブオイル（分量外）を回しかけ、塩をふり、レモンを添える。食べるときにレモン汁を搾ってたっぷりとかける。

りんごは、紅玉など酸味の強いもので

キャラメルアップルのブルスケッタ

▶材料（4人分）
りんご…2個
バター（食塩不使用）…20g
砂糖…大さじ2〜3
バゲット…適量
マスカルポーネチーズ…適量
パルミジャーノレッジャーノ…適量

▶作り方

1. りんごは皮をむいて芯を取り、2cm角に切る。
2. フライパンにバターと砂糖を入れて中火で熱し、ぶくぶくと泡立ち、縁から茶色になってカラメル状になるまでフライパンを回しながら熱する。このとき分離するのでかき混ぜない。
3. カラメル状になったらりんごを加え、ときどきかき混ぜながら水けがなくなるまで煮る。
4. バゲットを1cmの厚さに切り、軽くトーストしてからマスカルポーネを塗り、冷めたりんごをのせ、パルミジャーノレッジャーノをすりおろしてかける。

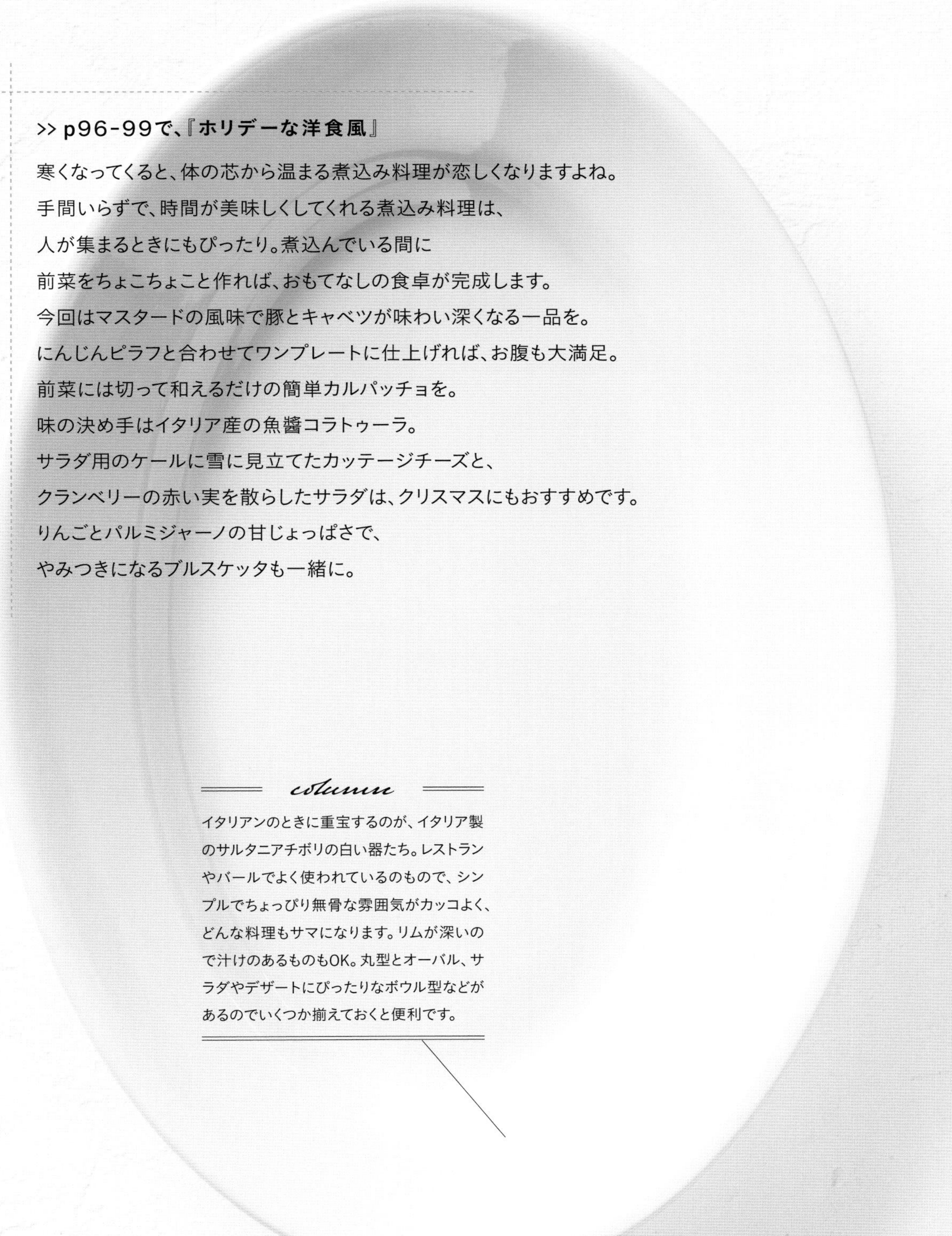

>> p96-99で、『ホリデーな洋食風』

寒くなってくると、体の芯から温まる煮込み料理が恋しくなりますよね。
手間いらずで、時間が美味しくしてくれる煮込み料理は、
人が集まるときにもぴったり。煮込んでいる間に
前菜をちょこちょこと作れば、おもてなしの食卓が完成します。
今回はマスタードの風味で豚とキャベツが味わい深くなる一品を。
にんじんピラフと合わせてワンプレートに仕上げれば、お腹も大満足。
前菜には切って和えるだけの簡単カルパッチョを。
味の決め手はイタリア産の魚醤コラトゥーラ。
サラダ用のケールに雪に見立てたカッテージチーズと、
クランベリーの赤い実を散らしたサラダは、クリスマスにもおすすめです。
りんごとパルミジャーノの甘じょっぱさで、
やみつきになるブルスケッタも一緒に。

column

イタリアンのときに重宝するのが、イタリア製のサルタニアチボリの白い器たち。レストランやバールでよく使われているのもので、シンプルでちょっぴり無骨な雰囲気がカッコよく、どんな料理もサマになります。リムが深いので汁けのあるものもOK。丸型とオーバル、サラダやデザートにぴったりなボウル型などがあるのでいくつか揃えておくと便利です。

玉ねぎとにんにくの
みじん切りが味を決める

しらすのブルスケッタ

▶材料（2人分）

バゲット（斜め2cmの厚さに切る）…6枚

A
- しらす…90g
- 玉ねぎ（みじん切り）…大さじ2
- にんにく（みじん切り）…小さじ½
- マヨネーズ…大さじ2½
- オリーブオイル…大さじ1
- 胡椒…少々

パルミジャーノレッジャーノ…適量

パセリ（みじん切り）…適量

ピンクペッパー…適量

▶作り方

1. ボウルに**A**を入れて、よく混ぜる。
2. **1**を6等分してバゲットにのせ、パルミジャーノレッジャーノをたっぷりすりおろしてかける。
3. オーブントースターでチーズがこんがりと色づくまで焼く。仕上げにパセリとピンクペッパーを散らす。

つくりおきシメ鯵で、
おつまみサラダ

鯵の酢締めサラダ

▶材料（2人分）

鯵の酢締め
- 鯵（三枚におろし、中骨を抜いたもの）…3尾分
- 塩…大さじ3
- 酢…適量

セロリ…1本

紫玉ねぎ…½個

ミニトマト…5個

イタリアンパセリ…適量

ドレッシング
- 粒マスタード…小さじ1
- 白ワインビネガー…大さじ1
- 塩…小さじ½
- 胡椒…少々
- オリーブオイル…50mℓ

▶作り方

1. 鯵の酢締めを作る。下ごしらえした鯵は全体に塩をまぶしてざるにのせ、下にバットをあてて1時間おく。水でさっと流してから水けを拭き、バットに並べてひたひたに酢を注いでラップをし、2時間からひと晩冷蔵庫に入れておく。
2. 紫玉ねぎは薄切りにして水にさらし、水けをきる。セロリは薄切りにし、ミニトマトは縦4つに切る。**1**の鯵の皮を引き、食べやすく削ぎ切りにする。ドレッシングは合わせておく。
3. 器に**2**を食べやすく盛りつけ、ドレッシングをかけ、イタリアンパセリとあればレモン（分量外）の皮をおろしながらかける。

生ハムの塩けのおかげで、見た目以上に味つけカンタン

サルティンボッカ

▶材料（2人分）
豚ヒレ肉…2㎝の厚さのもの6枚
生ハム…6枚
セージの葉…12枚（盛りつけ用6枚）
オリーブの実…12粒
粗びき黒胡椒…少々
薄力粉…少々
オリーブオイル…大さじ2
白ワイン…100〜150㎖
バター…20〜30g
レモン汁…大さじ1

▶作り方
1. 豚ヒレ肉は肉たたきでよくたたいて薄くし、軽く胡椒をしてから、セージを1枚ずつのせて生ハムで包み、薄力粉を全体に軽くはたく。
2. フライパンにオリーブオイルを熱し、**1**の豚肉をセージをのせた面から焼き始め、焼き色がついたら裏返して両面焼く。
3. 肉にこんがりと焼き色がついてきたら、オリーブの実を加え、ワインを注ぎ入れてとろみが出るまで煮て、仕上げにレモン汁とバターを入れて混ぜながら溶かす。最後にセージを盛りつける。

困ったときの、メインもう一品に。
パスタとあわせても

イカのトマトソテー

▶材料（2人分）
ヤリイカ…2杯
にんにく（みじん切り）…1かけ分
オリーブオイル…大さじ2
赤唐辛子…½本
トマトソース…1カップ
塩…適量
胡椒…適量
砂糖…ひとつまみ
オレガノ…少々
イタリアンパセリ…適量

▶作り方

1. イカは胴から内臓ごと足を抜いて水洗いし、皮をむいて細めの輪切りにする。エンペラと足はぶつ切りにする。
2. フライパンにオリーブオイルと赤唐辛子、にんにくを入れ、香りが立つまで炒めたら、イカを加えて白くなるまで炒め、トマトソースを加えて炒め煮にする。
3. オレガノ、塩、胡椒、砂糖で味を調えて、刻んだイタリアンパセリを散らす。

黄身を下向きにすると
麺と絡みやすくなります

カチョ・エ・ペペの目玉焼きのせ

▶材料（1人分）
スパゲッティ…100g
にんにく（みじん切り）…½かけ分
赤唐辛子（種を抜いたもの）…⅓本
オリーブオイル…大さじ2
塩…適量
パスタの茹で汁…適量
パルミジャーノレッジャーノ…適量
粗びき黒胡椒…適量
卵…1個

▶作り方

1. フライパンにオリーブオイル、にんにく、赤唐辛子を入れて香りが立つまでじっくり加熱したら、赤唐辛子を取り出す。
2. 塩を加えた湯でスパゲッティを袋の表示時間よりも3分短く茹でる。
3. 黄身がやわらかな目玉焼きを作る。
4. **1**のフライパンに**2**のパスタを入れ、パスタの茹で汁を加えつつ2〜3分炒め合わせる。
5. 器にパスタを盛りつけて、たっぷりのパルミジャーノをおろしながらかけ、黒胡椒をふり、**3**の目玉焼きを黄身を下にしてのせて崩しながら、パスタと混ぜ合わせて食べる。

>> p102-104で、『コース仕立てのトラットリア風』

今夜は、ワインのお供に鯵やイカを使って、
素朴なイタリアン風に。鯵の酢締めは作りおきしておいて、
食べる直前に香味野菜と組み合わせるだけ。
イカも炒めてトマトソースを投入すれば完成。
本来なら仔牛で作るサルティンボッカも、手に入りやすくて
柔らかな豚ヒレ肉でも美味しい。締めは、ペペロンチーノに
パルミジャーノと黒胡椒をたっぷりかけて、半熟卵とからめただけ。
実は、どれも冷蔵庫の中にあるものだけで簡単にできるから、
クタクタになりながら仕事から帰った日によく作るお助けメニューでもあります。

鍋の日以外の、
柚子胡椒の使い道！

タコとセロリのマリネ 柚子胡椒風味

▶材料（3〜4人分）

タコの足…大1本
セロリ…1〜2本
イタリアンパセリ…2本
A
レモン汁…½個分
白ワインビネガー…小さじ2
オリーブオイル…大さじ4
柚子胡椒…小さじ1
塩…小さじ½
砂糖…ふたつまみ

▶作り方

1. タコの足は削ぎ切りにする。セロリは筋を取って斜め薄切りにして塩少々（分量外）で軽くもんで出た水けを絞る。イタリアンパセリは粗みじん切りにする。
2. ボウルに**A**を入れて混ぜ、**1**を加えて和える。器に盛り、飾りとしてイタリアンパセリをのせる。

いちごの酸味で
さらに華やか、爽やか

トマトといちごのカプレーゼ

▶材料（3〜4人分）

ブッラータチーズ（モッツァレラチーズでも）…1個
ミニトマト…1パック
いちご…8粒
A
ホワイトバルサミコ酢…大さじ1
オリーブオイル…大さじ2
にんにく（みじん切り）…少々
塩…小さじ½
粗びき黒胡椒…少々

▶作り方

1. ミニトマトは半分に、いちごは食べやすい大きさに切る。
2. ボウルにミニトマトといちごを入れ、**A**を加えて和える。
3. 器に盛り、ブッラータチーズをのせる。仕上げにオリーブオイルと塩、胡椒を各適量（すべて分量外）ふりかける。

ハーブは何でもOK！
風味たっぷりのおつまみ

イタリア風フライドポテト

▶材料（3〜4人分）
じゃがいも…3個
強力粉…大さじ3
ローズマリー…3〜4本
タイム…3本
にんにく（皮つきのまま）…3〜4かけ
サラダ油…300〜400mℓ
塩、胡椒…各適量

▶作り方
1. じゃがいもはよく洗って水けを拭き、6〜8等分にくし形切りにし、ポリ袋に入れて強力粉をまぶす。
2. 揚げ鍋に**1**とローズマリーとタイム、皮つきのにんにくを入れて、サラダ油を注ぐ。
3. 油が高温になるまでは強火で、そのあとは中火にして、上下を返しながら、じゃがいもの表面がカリッと香ばしいきつね色になるまで揚げる（9〜10分）。
4. 油から上げたじゃがいもをボウルに入れ、塩と黒胡椒をふってよくからめ、ハーブ類やにんにくと一緒に盛りつける。

焼いて切るだけ。
帰宅が遅い日こそ作っています

タリアータ

▶材料（3〜4人分）
牛赤身肉（ステーキ用）…2枚（300g）
バルサミコ酢（熟成タイプ）…大さじ2〜3
オリーブオイル…大さじ2〜3
ルッコラ…1束
トレビス…3〜4枚
パルミジャーノレッジャーノ…適量
塩、粗びき黒胡椒…各適量

▶作り方
1. 牛肉の両面にしっかりと塩、胡椒各適量（ともに分量外）をしてなじませる。フライパンにサラダ油大さじ1（分量外）を入れて、中火で肉の表面に香ばしい焼き色がつくまで焼き、裏返して同じように焼く。バットに取り出してアルミホイルをかけ、肉汁が落ち着くまで暖かな場所で休ませる。
2. ルッコラとトレビスは洗って水けを拭き、ちぎる。
3. 休ませた牛肉はひと口大に削ぎ切りにする。器にルッコラとトレビスを敷き、削ぎ切りにした牛肉をのせ、パルミジャーノレッジャーノを削りかける。仕上げにバルサミコ酢とオリーブオイル、塩、黒胡椒をふりかける。

「NATIVO」のレモンパスタを自己流でアレンジ

ツナのレモンパスタ青唐辛子風味

▶材料（3〜4人分）
スパゲッティ…300g
ツナ缶…大1缶
レモン…大1個
オリーブオイル…大さじ2
青唐辛子…1〜2本
コラトゥーラ（もしくはナンプラー）
…大さじ1
塩、胡椒…各適量

▶作り方

1. フライパンにオリーブオイルと油をきったツナ、レモンを搾り入れる。種を取って細かく刻んだ青唐辛子、コラトゥーラを入れて火にかける。味をみて足りなければ塩で味を調える。
2. スパゲッティは塩を入れた湯で茹で、茹で上がったら**1**に入れて混ぜ合わせ、器に盛りつけて、胡椒をふり、レモンの皮をおろしかける。好みで、レモンの輪切りとイタリアンパセリを盛りつける。

>> p106-108で、『おもてなしイタリアン』

レモンの旬は冬から春にかけてというのをご存じですか ？
この時季になると、大分の農園からレモンを取り寄せて楽しんでいます。
果汁もみずみずしくて酸味が尖っていないので、たっぷり使うことができます。
まずは、タコとセロリを組み合わせてマリネに。ツナと合わせたレモンパスタは、
クリームやチーズを使わず、青唐辛子をきかせてさっぱりと。
ブッラータチーズとトマトの定番のカプレーゼは、いちごを加えて春仕様に。
あとは、一枚のステーキ肉でも数人で楽しめるタリアータや、
ハーブやにんにくと一緒に風味よく揚げるフライドポテトで、
おもてなしにもぴったりな食卓が完成します。

油をあまり吸わない、米なすを使用！

ラザニア

▶材料（4人分）

ミートソース（下記参照）…3カップ
ベシャメルソース（下記参照）…3カップ
ラザニアの生地…150g
米なす…2個
卵…3～4個
モッツァレラチーズ…2個（120g）
パルミジャーノレッジャーノ
…適量
生クリーム…½カップ
バター…30g
揚げ油…適量

▶作り方

1. ラザニアの生地は、たっぷりの湯に塩（分量外）を入れて茹でて、冷水にとる。粗熱が取れたら水けをきり、ペーパータオルで水けを拭う。
2. グラタン皿にバター（分量外）を塗り、ラザニアの生地を敷く。その上にミートソース、皮をむいて1.5㎝の厚さに切り、塩（分量外）をして水けを拭いて揚げたなす、ベシャメルソース、茹でてスライスした卵、ちぎったモッツァレラチーズをのせ、パルミジャーノレッジャーノをおろしてかける。もう一度、同様に繰り返す。生クリームを注ぎ、バターをちぎって散らす（生クリームとバターはオーブンに入れる直前に）。
3. 180℃に予熱したオーブンで30分ほど焼く。

ミートソース

▶材料（4人分）

合びき肉…500g
トマトの水煮缶（ホール）…2缶（800g）
玉ねぎ…1個
にんじん…½本
セロリ…½本
にんにく…1かけ
ローリエ…2枚
赤ワイン…150㎖
オリーブオイル…50㎖
塩、胡椒…各適量

▶作り方

1. 玉ねぎ、にんじん、セロリ、にんにくは、それぞれみじん切りに、トマトは手でつぶす。
2. 鍋にオリーブオイルを入れて火にかけ、温まったらみじん切りにした野菜類を入れ、水分を飛ばすようにじっくりと炒める。
3. 合びき肉を入れて触らないようにして焼きつける。
4. 全体に火が通ったら赤ワインを注いでアルコールを飛ばし、トマトとローリエを加え、40～50分煮込む。
5. 塩、胡椒で味を調える。

ベシャメルソース

▶材料（4人分）

強力粉…75g
バター…75g
牛乳…750㎖
塩…小さじ1
胡椒…少々

▶作り方

1. 鍋にバターを入れて弱火にかけ、焦がさないように溶かしたら、一旦火から外し、強力粉を入れる。
2. 再び弱火にかけて、木べらでよく混ぜたら広げて焼くようにして粉臭さを取る。
3. 10秒焼いたら、10秒外すを繰り返しながら、クッキーの焼けるような匂いがするまで混ぜ続ける。
4. 粉の表面に水分がにじんできたら、火から外して冷たい牛乳を⅓量程度入れてよくのばす。
5. 再び混ぜながら弱火にかける。残りの牛乳を加えて、クリーム状に滑らかになったら塩、胡椒で味を調える。

粗びきの赤唐辛子が味の大事なアクセントに

生ハムといちじく 唐辛子かけ

▶材料（3〜4人分）

生ハム…120g

いちじく…3〜4個

粗びきの赤唐辛子…適量

▶作り方

1. いちじくは洗ってへたを切り落とし、皮のまま縦に4等分に切る。
2. 器に生ハムをふわっと盛りつけ、いちじくを合わせる。いちじくに粗びきの赤唐辛子を好みの量ふりかける。

シャキシャキ感と酸味で、
ラザニアとの緩急のつく一品に

クレソンとりんごのサラダ

▶材料（3〜4人分）

クレソン…3束
りんご…1個
アンディーブ…1個
レモン汁…適量
ドレッシング
　マスタード…大さじ1
　白ワインビネガー…大さじ1
　オリーブオイル…大さじ3
　塩…小さじ½
　胡椒…少々

▶作り方

1. クレソンは洗って、葉の部分はつみ、茎の部分は3cmの長さに切る。りんごは皮つきのまま八つ割りにして芯を取り、5mmの厚さに切って、レモン汁をふりかけておく。アンディーブは2cm幅に切り、水に軽くさらしてから水けをしっかりきる。
2. ドレッシングの材料を合わせてよく混ぜる。
3. ボウルに**1**を入れて、ドレッシングをかけてふわっと和え、器に盛りつける。

生地作りが省ける！
10分以内でできるデザート

カステラ ティラミス

▶材料（4人分）

卵黄…1個分
マスカルポーネチーズ…75g
生クリーム…150mℓ
グラニュー糖…15〜20g
カステラ…4切れ
コーヒー液
　エスプレッソコーヒー、または
　　濃く溶いたインスタントコーヒー…50mℓ
　グラニュー糖…大さじ½
　ブランデー…少々
ココアパウダー…適量
ミント…適量※省略可

▶作り方

1. ボウルに卵黄とマスカルポーネチーズを入れ、泡立て器で滑らかになるまで混ぜる。
2. 別のボウルに生クリームとグラニュー糖を入れて七分立てにする。そこに**1**を2〜3回に分けて加え、ふんわり滑らかになるまで混ぜる。
3. カステラに、コーヒー液の材料を混ぜ合わせたものを染み込ませておく。
4. **3**を器に盛り、スプーンなどで**2**をのせ、ココアパウダーをふり、ミントをのせる。

>> p110-113で、『イタリア家庭料理風』

凍えそうな寒い日には
熱々のオーブン料理が恋しくなります。
ミートソースにまろやかなベシャメルソースがとろりとからんだ
ラザニアは、たまに作ると家族が大喜びする一品。
揚げたなすと茹で卵を入れるのが我が家流。
それぞれのソースはちょっぴり手間がかかりますが、
手作りしたかいのある美味しさ。ラザニアに手間がかかるので、
それ以外のメニューは切るだけ、混ぜるだけで簡単に。
生ハムに合わせるいちじくに、粗びきの唐辛子を
ふりかけるのは、イタリアンレストランで覚えたワザ。
味がぴりりと引き締まります。
デザートには、カステラにコーヒーを染み込ませたものに
ササッと作れるクリームをのせただけのティラミスを。
ココアをふればそれらしくなり、簡単にできるのに
本格的な味になる自慢の一品です。

バターは〝塗る〟ではなく
〝のせる〟気持ちで

ハムとバターのカナッペ

▶材料（2～3人分）

食パン（8枚切り）…2枚
ロースハム（極薄切りのもの）…8枚
バター…大さじ4
ホースラディッシュ…適量

▶作り方

1. 食パンはカリッとトーストして、4等分に切る。
2. 食パンにバターをそれぞれこんもりと塗り、ロースハムをふわっとのせ、ホースラディッシュをおろしかける。

トマトは特に！
粗熱をとってから、漬けて

浅漬けピクルス

▶材料（作りやすい分量）

きゅうり…2本
セロリ…1本
茗荷…3個
ミニトマト…10個
マリネ液
　酢…300㎖
　水…100㎖
　砂糖…30g
　塩…小さじ$\frac{2}{3}$
　顆粒コンソメスープの素…小さじ1
　ローリエ…1枚
　赤唐辛子…1本
　粒胡椒…5～6粒

▶作り方

1. きゅうりは皮を縞状にむいて2㎝幅に切る。セロリは筋を取り、2㎝幅に切る。茗荷は縦2つに切る。ミニトマトは湯むきする。
2. マリネ液の材料を鍋に合わせて火にかけ、沸騰させる。**1**の野菜をバットや保存容器に入れ、粗熱の取れたマリネ液を注ぎ、冷蔵庫で1時間以上味をなじませる。

スーパーマーケットで3枚におろしてもらっています

イワシのオーブン焼き

▶材料（2〜3人分）

イワシ…4〜6尾
ほうれん草…1束
パン粉…大さじ6
にんにく（みじん切り）…大さじ1
イタリアンパセリ（みじん切り）
…大さじ2
ドライオレガノ…小さじ2
ミニトマト…8〜12個
塩…小さじ1
胡椒…少々
オリーブオイル…大さじ3

▶作り方

1. イワシは三枚におろして塩をふる。ほうれん草はさっと茹でて冷水にとり、水けをしっかり絞る。小さなボウルにパン粉、にんにくとイタリアンパセリ、オレガノ、オリーブオイル大さじ1を入れて混ぜ、ハーブパン粉を作る。
2. ほうれん草を2株ずつ合わせてイワシの幅に切る。イワシの水けを拭いて、胡椒をふり、ほうれん草を包みこむようにして丸めて端を楊枝で留める。ハーブパン粉をまぶしてから耐熱の器に並べ、へたを取ったミニトマトを散らして残ったハーブパン粉をふり、オリーブオイル大さじ2を回しかける。200℃に予熱したオーブンに入れ、20分焼く。

気持ち長めに茹でて、冷水でキュッと締めるのがポイント

桃の冷製パスタ

▶材料(2人分)
パスタ(フェデリーニ)…160g
桃…2個
ミニトマト…16個
モッツァレラチーズ…1個(120g)
生ハム…4〜6枚
にんにく(みじん切り)…小さじ1
スイートバジル…1枝
ホワイトバルサミコ酢…大さじ3
オリーブオイル…大さじ3
塩…小さじ2
胡椒…少々

▶作り方
1. ボウルに半分に切ったミニトマト、にんにく、ホワイトバルサミコ酢、オリーブオイル、塩、こしょうを入れて混ぜ、ベースのソースを作り、冷蔵庫で冷やしておく。
2. パスタは塩(分量外)を入れた湯で袋の表示より30秒ほど長く茹で、冷水にとってよく締めてからペーパータオルなどでしっかりと水けを拭き、**1**のソースと和える。パスタを茹でている間に桃の皮をむき、ひと口大に切る。
3. 器にパスタを盛り、桃、ひと口大にちぎったモッツァレラチーズ、生ハム、バジルを散らす。

>> p116-118で、『夏のイタリアン』

旬を迎えた桃を使う冷製パスタは、家族全員の大好物です。
ただ、夕食に冷製パスタだと物足りないため、
生ハムやモッツァレラなどをプラスして前菜感覚の一皿に。
ミニトマトとホワイトバルサミコ酢で味を補うのがポイントです。
夏は火をあまり使いたくないので、あとは簡単に。オーブンに入れて
ほったらかせる一品と、浅漬け感覚で食べられるピクルスを添えて。
トーストにバターと薄切りハムをのせてホースラディッシュを
おろしかけたものは、イタリアンレストランの突き出しで食べて、
その簡単さと美味しさに感動した組み合わせです。

海外では市販の塩漬け肉があるほどの、定番塊肉料理

コンビーフ

▶材料（3〜4人分）

牛ブリスケット
（または肩ロース塊肉）…1kg
水…5カップ
粗塩…½カップ（90g）＋大さじ1
玉ねぎ…½個
にんじん…小1本
セロリの葉…1本分
A
粒胡椒…小さじ1
オールスパイス（粒）…小さじ1
ローリエ…3枚

▶作り方

1. 牛肉の塊を、味が染み込みやすいようにフォークで数カ所刺してから、粗塩大さじ1をまんべんなくまぶしつけ、1時間ほど冷蔵庫で休ませる。
2. 鍋に分量の水と粗塩½カップと**A**を入れて火にかけ、煮立ったら火を止めて冷ましておく。
3. 玉ねぎ、にんじんは薄切りに、セロリの葉はざく切りにする。
4. **1**の牛肉から出た水けをペーパータオルで拭き、食品保存袋などに**3**の野菜で覆うように入れて、**2**の塩水を注いで空気を抜きながら閉じ、冷蔵庫で5〜7日塩漬けにして熟成させる（夏場は4〜5日）。
5. 約1週間たった牛肉を取り出し、流水できれいに洗う。4ℓサイズの圧力鍋に牛肉を入れ、最大の水量を注いでふたをして沸騰させてから、弱火にして35分煮る。圧力鍋がない場合は、大きめの鍋に水3ℓと牛肉を入れ沸騰させて、ふたをして弱火で2時間ほどやわらかくなるまで煮る。
6. 火を止めて粗熱を取ってから取り出し、食べやすくスライスする。器に盛りつけ、マスタード（分量外）を添える。余った肉は粗くほぐして、保存容器に入れて煮汁をひたひたまで注いで冷蔵庫で保存する。

焼き目をつけた、
太めの千切りキャベツで食感を生かして

簡単ザワークラウト風

▶材料（3〜4人分）

キャベツ…½個

A
- 白ワインビネガー…大さじ3
- オリーブオイル…大さじ3
- 粒マスタード…大さじ2
- 塩…小さじ1
- 砂糖…小さじ2
- 胡椒…少々

▶作り方

1. キャベツは2〜3㎜程度の太めの千切りにする。
2. 深めのフライパンに**A**のオリーブオイルとキャベツを入れて火にかける。初めは強火で、ジュウジュウと音がしたら中火にし、残りの**A**を加えて混ぜる。キャベツから出た水けが少なくなり、全体に火が通るまで焦げないように気をつけながら炒め煮にする。
3. コンビーフと一緒にたっぷり盛りつける。

最後にエシャロットを混ぜて、
シャキシャキをアクセントに

サーモンタルタル

▶材料（3〜4人分）

サーモン（刺身用）…250g
ベルギーエシャロット…大1個（または玉ねぎ½個）
ディル…4本
塩…小さじ1
砂糖…小さじ1
オリーブオイル…大さじ2
レモン汁…大さじ2
胡椒…少々
イクラ…大さじ4
サワークリーム…大さじ4
バゲット…適量

▶作り方

1. サーモンは1.5㎝角に切ってバットに広げ、塩と砂糖をふってなじませてからラップをして冷蔵庫で1〜2時間休ませる。
2. エシャロットはみじん切りにして、さっと水に浸し、ペーパータオルにとって水けをしっかり絞る。ディルはざく切りにする。
3. **1**のサーモンから出た水けをペーパータオルで軽く押さえて拭いて、ボウルに入れ、**2**のエシャロットとレモン汁、オリーブオイル、胡椒を加えて混ぜる。味が足りなければ、塩（分量外）で味を調える。
4. 器に**3**を盛りつけ、イクラをのせてディルを散らす。サワークリーム、スライスしてカリッと焼いたバゲットを添える。

具材を先に炒めて時短オーブン

ヤンソンの誘惑

▶材料（3〜4人分）

じゃがいも（メークイン）…4個
玉ねぎ…½個
アンチョビフィレ…5枚
生クリーム…2カップ
パン粉…½カップ
バター…大さじ4
にんにく（すりおろし）…小さじ½
塩、胡椒…各少々

▶作り方

1. じゃがいもは皮をむいて7〜8㎜角の棒状に切る。玉ねぎは薄切りにする。
2. フライパンにバター大さじ2を溶かして、**1**のじゃがいもと玉ねぎを炒め、じゃがいもに6割程度火が通ったら、軽く塩・胡椒する。
3. 耐熱容器ににんにくとバター（分量外）をこすりつけ、**2**の半量を広げたら、粗く刻んだアンチョビを全体に散らして、残りの**2**を広げる。生クリームを注ぎ、パン粉をかけ、ところどころにバター大さじ2をちぎって散らし、190℃に予熱したオーブンで30分焼く。